D1930846

Joachim Illies

Theologie der Sexualität

Joachim Illies

Theologie der Sexualität

Die zweifache Herkunft der Liebe

Edition Interfrom · Zürich

CIP-Kurztitelaufnahme der Deutschen Bibliothek

Illies, Joachim:
Theologie der Sexualität: d. zweifache Herkunft d. Liebe / Joachim Illies. – Zürich: Edition Interfrom; Osnabrück: Fromm [in Komm.], 1981. (Texte + [und] Thesen; 135)
ISBN 3-7201-5135-2

Vertrieb für die Bundesrepublik Deutschland:
VERLAG A. FROMM, Osnabrück
Einbandgestaltung: Waltraudt Ahrens
Gesamtherstellung:
DRUCKHAUS FROMM GmbH & Co., Osnabrück

INHALT

Vorwort

Das Lebendge will ich preisen,
das nach Flammentod sich sehnet!
J. W. Goethe

Es geht in diesem Buch um den Menschen – um uns selbst also, die wir nach uns fragen und mit keiner schnellen Antwort zufrieden sind. Macht es uns die einseitige Naturwissenschaft mit der Antwort „Nackter Affe" zu leicht, so macht es uns die biblische Tradition mit dem „Ebenbild Gottes" zu schwer, zumal diese beiden Antworten als ein Entweder-Oder sich gegenseitig bekämpfen und ausschließen, so daß ein Spannungsfeld entsteht, in dem wir zu zerreißen drohen. Aber nicht dort, wo die beiden extremen Antworten überinterpretiert werden, offensichtlich zu weit gehen und unsere Wirklichkeit verfehlen, sind sie eine Gefahr für unser Selbstverständnis, sondern eigentlich erst dort, wo sie *beide* recht zu haben scheinen. Ist denn nicht wirklich vieles an uns nackt, triebhaft, irdisch und biologisch? Ist nicht andererseits wirklich vieles in uns Geist und Freiheit, überirdische Gewißheit und Sehnsucht nach Heimkehr zu Gott? Und sind daher nicht für alle Zeiten die irdische Sexualität und die himmlische Liebe zwei Pole, zwischen denen unser Miteinander und unser Sein als Mensch in einem Zerreißungsprozeß geprüft und schmerzlich überfordert werden? Spiegelt sich nicht der Gegensatz zwischen Mensch und Tier in dem zwischen Liebe und Sexualität, so daß unser Ja zur Liebe uns erst eigentlich zum Menschen erhebt, das Ja zur Sexualität uns aber zum Tier herabzieht?

So hat jahrhundertelang das christliche Abendland gedacht, und so scheint auch heute noch der Glaube als Wahrer der Liebe und der göttlichen Herkunft des Menschen der Naturwissenschaft und ihrer entmythologisierenden Aufklärung gegenüberzustehen. Der Blick *von oben* sieht weiterhin im Menschen ein Ebenbild Gottes, das – nur ein wenig geringer als die Engel – im Sündenfall den paradiesischen Urstand verlor und nun in der Mühsal der irdischen Existenz jenseits von Eden auf dem dornigen und verfluchten Acker dieser Welt sein Leben als Sünder fristet, wenn auch als ein durch Christi Liebestat begnadigter Sünder. Der Blick *von unten* dagegen, der in der darwinistischen Evolutionstheorie seine eindeutigste Perspektive findet, sieht den Menschen am Ende eines langen, durch Zufall und Notwendigkeit geregelten Aufstiegs, an dessen Beginn einst die Amöbe stand und an dessen vorläufigem Ende – nur ein wenig höher als die Affen – sich der vernunftbegabte Homo sapiens entwickelte, der kleine Gott der Welt, der hier nichts zu fürchten hat als sich selbst.

Diese beiden Standpunkte – die religiöse Deszendenz und die naturwissenschaftliche Aszendenz – schienen sich als peinliche Alternative auszuschließen und uns in die Verwirrung des Ausweglosen, des unvollziehbaren Entweder-Oder zu bannen. Denn *beide* Standpunkte haben Argumente, und für *beide* Antworten gibt es bestätigende Teilerfahrungen unseres eigenen Lebens. Erst ein neuer Denkansatz (die Mutation zum „integralen Denken" nannte ihn Jean Gebser) bringt in unserer Zeit eine Lösung der scheinbar unlösbaren Lage, denn er leistet im umfassenden Begreifen des Sowohl-als-Auch, im komplementären Denken der Physik und in der demütigen Hinnahme des Glaubens den befreie- den Durchbruch: Der Mensch – so dürfen wir nun begreifen – ist *zweifacher Herkunft;* er ist sowohl herabgestiegenes geistiges Urbild und Abbild eines liebenden Schöpfers als auch aufgestiegenes irdisches Lebewesen einer Evolution, die den „Lehm", das „Fleisch", die organische Materie schließlich so weit heraufführte, daß der Geist darin ein geeignetes Gefäß fand.

Das Werden des Menschen und mit ihm das aller Geschöpfe muß von oben *und* von unten betrachtet werden, wenn wir es verstehen wollen. Biologie und christlicher Glaube haben nicht gegeneinander, sondern, aus verschiedenen Richtungen kommend, miteinander und aufeinander zuzugehen, damit sie sich in einem Bild des Menschen treffen, das der vollen Wirklichkeit gerecht wird. In einem ersten Ansatz wurde dieser zweifache Weg in „*Schöpfung oder Evolution*" (1979) beschritten und die zweifache Herkunft des Menschen, nämlich die von oben und die von unten, in integralen Einklang gebracht. An einem zentralen Ausdruck unseres Seins als Mensch – an der Sexualität – soll nun in einem zweiten Ansatz konkret versucht werden, die *zweifache Herkunft der Liebe* darzulegen.
Ein zweifacher Weg kann nicht „einfach" sein, er wird durch zentrale Bereiche zweier Wissenschaften führen und sich des Wissens der Biologie und der Theologie bedienen müssen. Dabei wird dem Leser viel zugemutet, denn meist wird er selbst einem dieser Bereiche näherstehen als dem anderen, so daß ihn eigenes Urteil und eigene Erfahrung nicht auf der ganzen Wegstrecke tragen können. Er wird sich also immer dann, wenn die Betrachtung sich der anderen Blickrichtung zuwendet, „ohne Netz" und mit Vertrauen auf das andere Ufer führen lassen müssen. Theologen und andere gläubige Christen werden sich bei der Behandlung von biblischen Aussagen in vertrautem Gelände wissen und den Gedankenweg in die Biologie mit Scheu und vielleicht auch mit Mißtrauen beschreiten. Andererseits werden sich viele Leser weit eher im Bereich der Biologie zu Hause fühlen, die Sexualität und die Liebe als vertrautes Land eigener Erfahrung betrachten und nur zögernd, vielleicht mißtrauisch und abwehrbereit in den Bereich der biblischen Aussagen und exegetischen Erklärungen folgen.

Ich möchte alle diese Leser bitten, mit Vertrauen und mit Mut den *ganzen* Weg durch beide scheinbar so entfernte Landschaften mit mir zu gehen, denn die wechselseitige Erhellung, die das Theologische in der Biologie, die Biologie aber in der Theologie erfährt, ist der beste Hinweis darauf, daß wir uns nicht gemeinsam verlaufen und verstiegen haben. In keine Wissenschaft paßt der Mensch ganz hinein – dafür ist er zu groß. Wir müssen also notwendig die Grenzen der Fachwissenschaften überschreiten, wenn wir den ganzen Menschen erfassen wollen. Die *Liebe* gar – die mehr ist als der Mensch, denn „Gott ist die Liebe" – verlangt unser aller Entschlossenheit, Grenzen zu überschreiten und uns selbst dem Grenzenlosen zu öffnen. Das Geheimnis des Todes und der Ewigkeit, des Glücks und der Seligkeit – sie alle sind nur erkennbar in dem Licht, das von der göttlichen Liebe ausgeht. Aber in diesem Licht, dessen Glanz uns als die „Wiedervereinigung des Getrennten" sichtbar wird, werden wir auch alles Irdische anders und besser erkennen können: den eigenen Leib, die Tiere und die Pflanzen.

Wir alle, die wir in eine der beiden Formen des Menschseins – in männliche oder weibliche Gottesebenbildlichkeit – schicksalhaft eingesetzt sind und daher und in diesem Sinn als *sexuelle Wesen* unser Leben zu gestalten haben, wollen und dürfen die Liebe in der Welt mehren und die Lieblosigkeit in ihr mindern: im einsamen Weg des einzelnen, in brüderlicher und schwesterlicher Gemeinschaft der Zuneigung oder in der zu „einem Fleisch" gewordenen liebenden Gefährtenschaft. Wir brauchen dafür ein Wissen davon, was diese Liebe bedeutet, was ihre zweifache Herkunft ist und ihr gemeinsames letztes Ziel und welcher Auftrag einem jeden von uns persönlich im großen göttlichen Heilsplan zugewiesen ist, den die Naturwissenschaft Evolution nennt und unser Glaube die Heimkehr zu Gott.

In diesem Sinn will dieses Buch einen neuen Ansatz wagen, der der Größe der menschlichen Liebesfähigkeit gerecht wird und uns hilft, die Biologie theologisch und die Theologie biologisch zu sehen. Dabei soll weder die Sexualität vergöttert noch die Liebe vermenschlicht werden. Weder ein Menschlich-Allzumenschliches der Sexualität noch ein Göttlich-Allzugöttliches der Liebe soll gezeigt werden, sondern es wird die Verheißung der Gottesebenbildlichkeit des Menschen ernst genommen. Dann aber sind unser Geist und unser Leib, unsere Liebesfähigkeit und unsere sexuelle Geschöpflichkeit von Gott gewollte Wirklichkeiten, die uns von ihm zur Bewährung im Auftrag mitgegeben wurden in diese Welt, in der wir in unserer Liebe seine Liebe erfahren dürfen und in der wir durch unsere Liebe von seiner Liebe künden sollen.

Schlitz/Hessen, im Februar 1981

Joachim Illies

Was ist Sexualität?

Vier vorläufige Antworten

Löse deine Schuhe, denn der Ort,
darauf du stehst, ist heiliges Land.
(Exod. 3:5)

In unserem Jahrhundert sind in der von Sigmund Freud ausgelösten Bewegung die starken Mauern eingerissen worden, hinter denen die Sexualität bis dahin als allgemein respektiertes Tabu der Privatsphäre verborgen und geschützt war. Ein Kennzeichen westlich-abendländischer Kultur (angeblich auf diese beschränkt) ist damit in seiner Integrität gefährdet und wird zur Diskussion gestellt. Die Sexualität oder doch der Teilbereich, den man heute mit dem Ausdruck „Sex" belegt – nämlich der zoologische, physiologische und psychologische Aspekt des Geschlechtstriebes, – wurde damit in allen ihren bisher tabuisierten Erscheinungsformen zum mächtigen Geist aus der Flasche oder doch zu einem der Geister, die der moderne Zauberlehrling zunächst aus dem Versteck hervorrief und mit magischem Eigenleben ausstattete, um sie dann – ach! – nicht wiederloszuwerden.

Die überhitzte Sexualisierung der Öffentlichkeit in Erziehung und Lebensgestaltung, in Wort und Tat, in Theorie und Praxis wurde damit zum neuen, höchst fragwürdigen Symbol westlicher Freiheit und zugleich, so stellen es besorgt warnende Erzieher und Psychologen heute fest, zur Quelle neuer, selbstverschuldeter Unfreiheit in der Gefahrenzone einer epidemisch sich ausbreitenden Sex-Neurose.

Es wiederholt sich hier in typischer Weise der Prozeß der Einengung eines ursprünglich weiten Begriffsfeldes auf einen Teilbereich, dem durch neurotische Fixierung eine übermäßige Aufmerksamkeit zufließt, die von anderen Bereichen abgezogen wird. So geschah es mit der *geschlechtlichen Aufklärung* insgesamt, von der schließlich – als kümmerlicher „Teil des Teils, der anfangs alles war" – nur noch die pädagogische Strategie der angemessenen Bekämpfung des Klapperstorchs übrigblieb.

Einer ähnlichen Einengung des Begriffs ist auch die Sexualität selbst unterworfen worden, seit sie zum enttabuisierten öffentlichen „Thema 1" geworden ist und sich ihr die hastige und fixierte Aufmerksamkeit von Laien und Fachleuten zuwendet. Das Verharren im Laienstand gegenüber einem so zentralen Thema wird vielfach bereits als Minderung eigener Lebensqualität angesehen, die „Aufklärung" (heute nennt man es modisch lieber die Sexual-Information) wird daher bereits dem Kindergarten zugewiesen, das Lehrfach Sexualkunde an Schulen betrieben, von Sexualforschern und Hobby-Sexologen an Universitäten gelehrt und mit missionarischem Eifer verbreitet, als wäre hier der Punkt entdeckt, von dem aus die Welt aus den Angeln zu heben und die Menschen aus aller „Entfremdung" zu erlösen wären.

Und doch gelten alle hektische Aufmerksamkeit und emanzipatorische Bemühung nicht dem eigentlichen, umfassenden Bereich der Geschlechtlichkeit des Menschen im weitesten Sinne, sondern dem eingeengten Phänomen „Sex", also der Beschränkung auf die animalische Physiologie, die Technik optimalen Lustgewinns, die säuberliche Trennung des wünschenswerten libidinösen Genusses von der Problematik der Fortpflanzung und der gesellschaftlichen Legitimation der „polymorph-perversen" Triebentfaltung.

Genau die Anteile also, die in jeder Kultur als tabuisiert galten – das heißt mental: als schützenswert und unverfügbar, magisch: als heilig und unberührbar –, sind in den Mittelpunkt einer umgrenzten Aufmerksamkeit ge-

raten, weil sie als ans Licht gezerrte Arkana die Neugier und Sensationslust fesseln. Im gleichen Maße aber gerät aus dem Blick, was erst den ganzen Umfang und das volle Gewicht der Sexualität ausmacht, nämlich der Anteil an der Gesamterscheinung der Geschlechtlichkeit, der stets im Licht lag, eine jedermann zugängliche und wesentliche Seite des Menschen darstellt und daher weit mehr eine theologische, die Geschöpflichkeit des Menschen würdigende als eine biologische oder gar politisch-soziologische Beachtung verdient.
Sexualität ist mehr als Sex, mehr als der Bereich „sexueller Vorgänge" im Sinne der modernen Sexualkunde. Sie ist der umfassende Ausdruck der *schicksalhaften Geschlechtlichkeit* des Menschen und erfordert daher neben der biologischen Behandlung wie alles, was den Wesenskern des Menschen berührt, eine religiöse Würdigung, die nach der Absicht Gottes und damit nach dem Sinn und Wert der Erscheinung fragt. Zu diesem allgemeinen Begriff müssen wir daher in einer „Theologie der Sexualität" zurückfinden, um von dort aus den biologischen Aspekt der Erscheinung erst richtig beurteilen und verstehen zu lernen. Dabei gilt es zunächst, einige vorläufige Antworten zu geben auf die Frage, was der Ausdruck Sexualität eigentlich meint.

□ Sexualität ist zunächst die Tatsache der *Geschlechtlichkeit* schlechthin. „Sexus" meint Geschlecht im Sinne von männlich und weiblich. An der Wurzel des Begriffes finden wir also die Erfahrungstatsache der Zweigeschlechtlichkeit (oder Gegengeschlechtlichkeit), die den Menschen so grundlegend kennzeichnet, daß man ihn überhaupt nicht ausreichend beschreiben kann, wenn man nicht berücksichtigt, daß es zwei Arten gibt, in denen sein Menschsein möglich ist: als Mann und als Frau.

Die gleiche sexuelle Grundsituation ist auch bei allen höheren Tieren eindeutig vorhanden, in nach unten verschwimmenden und unscharf werdenden Grenzen bei den Tieren überhaupt und schließlich (eine der größten und „skandalösesten" Entdeckungen der Botanik des 18. Jahrhunderts) auch bei den Pflanzen. Erst am untersten Saum des Organismenreichs, bei einzelligen Lebewesen, tritt das Faktum der Geschlechtlichkeit zurück und verliert sich bei Bakterien und Viren ganz.

Andererseits zeigt sich in der humanen Phase der Lebenserscheinungen, also in der Natur und *Kultur* des Menschen, eine klare Polarisierung im Sinne der Zweigeschlechtlichkeit weit über die sexuellen Phänomene der Anatomie und Physiologie hinaus. Das mythische wie das rationale Bewußtsein des Menschen projiziert das sexuelle Grundmuster der Zweigeschlechtlichkeit in den gesamten Raum der wahrgenommenen und gedeuteten Welt. Männliche und weibliche Götter regieren sie im mythischen Bewußtsein aller Kulturen, das Kraftfeld ihrer polaren Gegengeschlechtlichkeit schafft die Bühne, auf der das Weltgeschehen und das Schicksal der Menschen sich abspielen.

Aber auch das geistige Kraftfeld der menschlichen Kultur selbst legt in der rationalen Erfahrung bei der geistigen Bewältigung der uns umgebenden Welt eine sexuelle Struktur frei: Alle Dinge, die in den Sprachen ihre Benennung, Kennzeichnung und Einordnung erfahren, haben ein „Geschlecht", sind entweder männlich oder weiblich (falls sie nicht in einem späteren Denkakt als „sächlich" ausdrücklich aus der sexuellen Sphäre herausgehoben werden). Gott und Kosmos, Mensch, Tier und Pflanze haben ihren Ort im Spannungsfeld polarer Gegengeschlechtlichkeit – Sexualität in diesem weitesten, ältesten und ursprünglichsten Sinn ist ein Wesensausdruck der Wirklichkeit schlechthin.

☐ Sexualität ist aber auch die konkrete Tatsache, die sich aus dem allgemeinsten Sinn des Begriffes ableitet: sie ist die schicksalhafte *Eigengeschlechtlichkeit* des einzelnen Menschen, die er mit so vielen anderen Lebewesen teilt. Einer – immer nur einer! – der beiden Möglichkeiten des Seins zugeordnet, die doch beide zusammen erst das Ganze der spezifischen Existenz ausmachen, die der Biologe „Art" (Spezies) nennt, ist sich der auf sein Geschlecht beschränkte einzelne schmerzlich seiner Unvollkommenheit bewußt und zugleich damit seiner Angewiesenheit auf Ergänzung. Entsprechung und Spiegelung. So-Sein und Anders-Sein, Halbheit und Erfüllung in der Ganzheit sind denn auch die großen sexuellen Themen im mythischen Bewußtsein der Völker und bilden den Hintergrund für die religiöse Aufgebrochenheit und Bereitschaft zur freiwilligen Hingabe an ein „Höheres, Reines, Unbekanntes". Und auch im erwachenden Bewußtsein des einzelnen, dem als heranwachsendem Kind an der Schwelle zum rationalen Bewußtsein „die Augen aufgehen" für die Tatsache, daß er männlich *oder* weiblich und dergestalt „nackt" ist, daß ihm seine Eigengeschlechtlichkeit anzusehen ist und ihn diese Halbheit dem Vorwurf der Unvollkommenheit aussetzt, wird die Sexualität (zunächst allein im Sinne der eigenen Geschlechtlichkeit) zum bewegenden Ereignis und zum bestimmenden Thema seiner Betroffenheit.
Dies gilt im Prinzip auch für die Tiere, wenn ihnen auch das Bewußtsein solcher Halbheit offensichtlich mangelt: Ihnen sind die Augen *nicht* aufgegangen, sie haben *nicht* erkannt, wie nackt auch sie sind. Aber für uns als Betrachter solcher Lebewesen liegt die betonte Eigengeschlechtlichkeit so vieler markanter Tiergestalten offen vor Augen. Hirsch oder Hirschkuh, Bock oder Geiß, Hahn oder Henne – wie unterschiedlich sind solche Seinsweisen von der Anatomie bis zum Verhalten in

der Gruppe! Wie total ist das jeweilige Anderssein im Rahmen der gemeinsamen Artzugehörigeit! Manche Beispiele im Tierreich steigern den Sexual-Dimorphismus (also die Unterschiede der Geschlechter) bis ins Groteske einer Karikatur: Das flügellose, asselförmige Weibchen, das verborgen im Fallaub umherkriecht, konnte erst die gute Beobachtung der Fachleute dem schönen Käfer als Artgenossen zugesellen, der als Glühwürmchen, als grünleuchtender Feuerfunken durch die Dämmerung fliegt. Andererseits lebt das Weibchen des Meereswurms Bonellia in voll ausgeprägter Artgestalt als Eichelwurm am Meeresboden, während die dazugehörigen Männchen als winzige, parasitische Zwerge an ihrem Leib festgewachsen sind. Immerhin aber können bei manchen anderen Tierarten die Geschlechtsunterschiede auch so weit zurückgebildet sein, daß sie uns nur noch in den inneren Sexualorganen und im Fortpflanzungsverhalten deutlich werden: Einem Hering im Schwarm merkt man es von außen und an seinem Verhalten nicht an, ob er ein Männchen oder ein Weibchen ist. Aber auch bei solcher verborgenen Sexualität gilt, daß der Einzelorganismus zeitweilig, nämlich wenn er in den Dienst der Arterhaltung tritt, die volle Last seines Geschlechts zu tragen hat.

Beim Menschen gibt es diese zeitliche Beschränkung nicht. Die Unterschiede zwischen Mann und Frau, also zwischen den beiden Seinsweisen des Menschen, können gar nicht groß genug angesetzt werden: sie sind *total!* Und wer die Ergebnisse der Biologie ernst nimmt (vor allem die Erkenntnisse der Genetik), muß sich jeder modisch-ideologischen Gleichmacherei hier entschieden widersetzen. So „sexualisiert" (im eingeschränkten Sinne des Ausdrucks) unsere Gegenwart ist, so wenig ist sie doch paradoxerweise bereit, die eigentliche Sexualisierung, nämlich die absolut geschlechtsspezifische

Durchgestaltung der beiden menschlichen Seinsweisen, anzuerkennen.

Da soll dann alles nur anerzogen und manipuliert sein, da soll es eine genuine, allgemeine Sexualität (nämlich die der durchgehenden Geschlechtsunterschiede) gar nicht geben, und doch ist sie die logische Voraussetzung für alle heute als so wünschenswert erachtete spezielle Sexualität eines freien Geschlechtslebens. Doch wenn es auch unter dem Druck einer ideologischen Erwartungshaltung, die Gleichartigkeit als Voraussetzung der von ihr zu schaffenden Gerechtigkeit benötigt, eigentlich gar keinen wesentlichen Geschlechtsunterschied zwischen Mann und Frau geben darf, so können die moderne Verhaltensforschung und die vergleichende Psychologie – vor allem auch die medizinische Physiologie – dennoch nicht umhin, solche Geschlechtsunterschiede bei uns von Kind an in zunehmendem Maße aufzudecken.

Die Wissenschaft wird daher schließlich aus innerer Redlichkeit wieder zugestehen müssen, was von jeher als vorwissenschaftliche Gewißheit zum Grundbestand unseres menschlichen Selbstverständnisses gehört hat: Es ist Schicksal und Auftrag jedes einzelnen, sein eigengeschlechtliches So-Sein anzunehmen und in den Weltenplan einzubringen. Keiner von uns kann einfach auch „asexuell" sein, sondern mit der Pubertät beginnt für jeden, der leiblich-seelisch gesund und normal ist, der ganze existentielle Ernst einer Sexualität, die uns als Person zu einem Lebensweg beruft, der in seiner Richtung und in seinem Verlauf auf die männliche oder auf die weibliche Art des Menschseins angelegt ist. Nicht die hochmütige Verleugnung, sondern das demütige „Fiat mihi!" der Annahme unserer jeweiligen Halbheit und Einseitigkeit ist die angemessene Haltung, sie zu tragen: Gott schuf sein Ebenbild als Mann *und* als Frau – das gilt es sowohl biologisch wie auch theologisch endlich voll zu begreifen.

□ Sexualität ist drittens auch das, was die moderne Einengung des Begriffs allein von ihr übriglassen möchte: Sie ist die Bezeichnung für das *Geschlechtsleben,* also für das sexuelle Verhalten im Sinne der physischen und psychischen Vorgänge im Bereich wechselseitiger Geschlechtlichkeit. Diese Vorgänge aber – so muß gleich zur Überwindung jeder unangemessenen Einengung hinzugefügt werden – finden nicht nur im Zusammenhang mit Begattung und Fortpflanzung statt, sondern umfassen das weite Spannungsfeld, das durch die Polarität der Geschlechter gegeben ist.
In biologischer Betrachtungsweise heißt das im Hinblick auf die *Tiere* und ihr Verhalten: Alle Vorgänge nicht nur der Balz, der Brutpflege und Brutfürsorge, sondern auch des geschlechtsspezifischen Territoriumsverhaltens und der hierarchischen Gruppenstruktur, also alles Verhalten (und alles Gestaltetsein), das sich in irgendeiner Weise aus der geschlechtsspezifischen Seinsweise der Organismen im Umgang miteinander ergibt, muß als sexuelle Funktion, also als Ausdruck des Geschlechtslebens, betrachtet werden. Allerdings zeigt sich, daß die direkte sexuelle Anziehung der Geschlechter sich – zumindest in der Fortpflanzungszeit – zu solcher Kraft entfaltet, daß alle anderen Antriebsbereiche in ihrer Dringlichkeit dahinter zurückgestellt werden.
Die Stärke dieser Anziehung erweist sich schon im Bereich niederer Pflanzen, wo bei manchen Farnen die weiblichen Eizellen einen Anlockungsstoff absondern (Apfelsäure), der die Spermien zwangsläufig anzieht. Bei Tieren ist diese sexuelle Anlockung oft so groß, daß die elementaren Triebe der Selbsterhaltung (Fluchtinstinkt und Nahrungstrieb) außer Kraft gesetzt wer-

den und selbst Verletzungen und Todesgefahr den Drang nicht aufhalten. Sexualität kann hier also stärker sein als der Tod, was biologisch ausgedrückt heißt: Das Gesetz der Arterhaltung und des dafür vorgeschriebenen Fortpflanzungsverhaltens dominiert eindeutig über alle Gesetze der Selbsterhaltung und weist dadurch eindringlich auf eine Priorität innerhalb der Wertehierarchie des Lebens hin, der das Einzelwesen untergeordnet wird. Für sehr viele Tiere, beispielsweise für fast alle Insekten, bedeuten die sexuellen Funktionen den Lebensabschluß. Da aber der Tod des einzelnen im Dienst der Fortpflanzung der Art steht, kann das alte Goethe-Tobler-Wort, daß der Tod das Mittel der Natur sei, „viel Leben zu haben", erweitert werden zu der Einsicht: Die Sexualität ist das Mittel der Natur, den Tod zum Diener des Lebens zu machen.

Der allgemeine Anspruch einer elementaren Naturmacht, die in der Anziehung der Geschlechter alle anderen Antriebe zurückdrängen kann, gilt in vollem Umfang auch für den *Menschen.* Als Sexualität im Sinne eines korrekten anthropologischen Begriffs müssen wir aber auch hier *alle* Vorgänge betrachten, die sich zwischen den Geschlechtern abspielen, falls sie in irgendeiner, eventuell auch nur indirekten, Weise ihre Energie aus der Polarität der Geschlechter (oder aus der geschlechtlichen Eigenspannung des einzelnen) beziehen. Engt man dieses allgemeine Geschlechtsleben des einzelnen auf „genitale" Handlungen ein, wie das heute teilweise in brutaler Einseitigkeit geschieht, so wird einem Großteil von Werten und Erscheinungen der allgemeinen Geschlechterspannung gewissermaßen die Existenzberechtigung entzogen, falls man sie nicht (frei nach S. Freud) als Abweichungen oder sublimierende Wertsteigerungen einer „eigentlichen", genitalen Sexualität interpretiert und so für eine neurotisch eingeengte Weltsicht vereinnahmt.

Der zentrale Begriff der *Liebe* müßte bei einer solchen Einengung auf der Strecke bleiben (oder zum poetischen Synonym von genitaler Sexualität degenerieren), obwohl er das eigentlich menschliche Ereignis zwischen den Geschlechtern – noch weiter gefaßt: zwischen geschlechtlichen Einzelwesen – ausmacht und den höheren Bereich unseres Seins und Verhaltens bezeichnet, in dem der Sexualität im engen, genitalen Sinn allenfalls eine dienende Rolle zufällt. Für den Menschen wäre die Aussage „Sexualität ist stärker als der Tod" nicht wesensgemäß, sondern bei ihm kann die Sexualität zwei Herren zugleich dienen (wenn auch im Einzelfall fast stets dem einen mehr als dem anderen): Sie dient dem Leben, *und* sie dient der Liebe. Daher kann und darf im humanen Bereich der Sexualität der ganz andere, unbiologische, nämlich mehr als nur biologische Satz gelten: „Die Liebe ist stärker als der Tod."

□ Schließlich aber ist Sexualität das, was aus unmittelbarem Erleben des einzelnen ihren drängendsten und unübersehbarsten Aspekt ausmacht: die *Quelle eigener Lust und eigener Not,* wie sie zwar auch in jedem anderen Antriebsbereich, nirgends aber so intensiv wie in dem des Geschlechtstriebes als Lösung oder aufgestaute Spannung erlebt wird. Sexualität als Schicksal eigener Geschlechtlichkeit ist tief im Kern jeder einzelnen Körperzelle verankert und in ihrer funktionalen Wirksamkeit zunächst einmal dem eigenen Körper zugeordnet, bevor sie nach außen treten und auf einen möglichen Geschlechtspartner zielen kann. Sie ist vor und außerhalb jeder Geschlechterbeziehung bereits als Eigenspannung tätig und kann hier dumpfe Not – eben eine echte „Notdurft" des Leibes – auslösen, die schmerzlich danach drängt, sich in der lustvollen Entspannung der „triebverzehrenden Endhandlung" zu lösen.

Daß solche *Lust* der sexuellen Entspannung, gewissermaßen als Anreiz und physiologische Prämie für die Leistungen im Vollzug des Antriebes, auch bei den Tieren auftritt und dort so mächtig werden kann, daß sie notfalls sogar im Leerlauf der Selbstbefriedigung drängend gesucht wird, ist vor allem durch Beobachtung an Haustieren bekannt.

Die weitverbreitete Meinung aber, daß solche Lust nur dem männlichen Geschlecht vorbehalten sei, ist wohl eher eine Projektion aus der verklemmten Haltung viktorianischer Prüderie als eine ernsthafte zoologische Feststellung. Die Not und das Unbehagen einer brünstigen Katze lassen beim Betrachter keine Zweifel darüber zu, daß auch bei einem weiblichen Tier die Lösung solcher geradezu schmerzhaft wirkenden Spannung wie alle Stillung von Notdurft nur lustvoll sein kann. Sexualität ist also auch Selbstzweck, ist auch eine geschlossene physiologische Handlungskette, die eigentlich und in erster Linie den Organismus selbst meint und den Geschlechtspartner nur als Mittel zum Zweck benötigt beziehungsweise zur Steigerung eines im Prinzip auch ohne ihn möglichen Genusses.

Der Mensch als Natur- und Kulturwesen ist von dieser Gesetzlichkeit nicht ausgenommen, wobei vor allem die in der Pubertät jederzeit abrufbare (im Fachjargon der Haustierkundler auch als „Dauerbrunst" bezeichnete) sexuelle Reizbarkeit und Disposition zu schweren sittlichen Konflikten führen, nämlich zu der dramatischsten Form, die der Grundkonflikt zwischen Natur und Kultur immer dort annimmt, wo deren Rechte und Normen einander widersprechen. Besonders der junge Mann wird von der eigenen sexuellen Spannung derart bedrängt, daß hier der Zustand einer echten leiblichen Notdurft entstehen kann, die dringend nach Abhilfe verlangt und sie sich schließlich auch gegen jedes Kulturgefälle, meist im Schlaf, durch unwillkürlichen Samenerguß erzwingt.

Selbstbefriedigung ist in der gleichen Notlage die Abhilfe aus eigener Willkür, doch führt sie damit aus dem Bereich des moralisch neutralen – eben des unwillkürlichen – Geschehens heraus und in den des Grundkonflikts zwischen Können und Dürfen hinein. Denn sosehr der Trieb auch natürlicherweise nach Entspannung drängt, so sehr kann die willentliche Nutzbarmachung solcher Entspannung zu der ganz unnatürlichen Situation führen, in der süchtige Fesselung an Zwangshandlungen und Verlust geistiger Freiheit drohen. Hier ist nicht nur die Zoologie zur Entlastung aufgerufen, sondern ebenso die Theologie zur moralischen Mahnung. Im Zwiespalt zwischen einem mit der Pubertät einsetzenden Triebdruck und der drohenden Beschädigung und Entwicklungsbehinderung der geistigen Freiheit durch seine willkürliche Reizung, Verstärkung und süchtige Inbetriebnahme als jederzeit verfügbare Quelle von körperlichem Genuß ist es unbillig, von der Kirche nur Toleranz zu fordern und zu erwarten, daß sie vor der Statistik kapituliert. Die Kirche muß sich zwar vor jeder Verteufelung der Sexualität dringend hüten, doch hat sie gerade dann, wenn sie von der Heiligkeit der Geschlechtskraft des Menschen überzeugt ist, vor deren Mißbrauch zu warnen. Daraus erwächst ihr die Pflicht, weiterhin als unbequemer Mahner an der Stelle zu wachen, wo unter einem falsch verstandenen Freiheits- und Toleranzbegriff gerade diese Heiligkeit bedroht ist.

Ohne hier weiter auf das Recht des einzelnen auf Lust und Genuß einzugehen – es ist von der Biologie her unbestreitbar, wird aber von der Theologie her mit gutem Recht als grundsätzlich fragwürdig zu betrachten sein –, muß festgestellt werden, daß sexuelle Lust an sich kein Kulturfaktor und kein unbedingter Bestandteil des menschlichen Strebens nach Vollkommenheit und *Glück* ist. Das wußte schon einer der ersten Philosophen des Abendlandes: „Bestände das Glück in körperlichen Genüssen, so müßte man die Ochsen glücklich nennen, wenn sie Erbsen zu fressen finden" (Heraklit). Doch mit solcher Einsicht ist die Tatsache nicht aus der Welt geschafft, daß auch die schönsten Blumen menschlicher Liebe im Erbsenfeld blühen, daß also auch die reinste Liebe sich nach der körperlichen Lust sexueller Vereinigung sehnt, ja eigentlich durch sie – wenn auch keineswegs ausschließlich in ihr – die höchste Form erfüllten Liebesglücks feiert. Was aber Bestandteil reinsten und vollkommensten Glücks ist, kann selbst nicht unrein sein, so daß wir folgern dürfen: Körperliche Lust stiftet zwar kein Glück, aber Glück kann auch körperliche Lust umfassen, sie einbringen in den Vorgang der Unio mystica der Geschlechter, in der auf diese Weise die Sexualität in allen ihren Aspekten, in allen ihren Drängen und ihrer Lust gerechtfertigt und geheiligt wird.

Die *Liebe* also ist das eigentliche Mysterium im menschlichen Handeln und Leiden, sie hebt uns aus dem Tierreich und gibt unserem gesamten Sein, auch unserer Sexualität, eine neue Dimension. Sie ist „stärker als der Tod" – so sagt es das Hohelied –, und sie ist zoologisch nicht zu fassen. Aber dürfen wir vor der Zoologie kapitulieren und den Begriff fallenlassen, der uns über die Tiere erhebt? Wer das eigentlich menschliche Geschehen im Geschlechtsleben zweier Menschen, das „private Weltereignis" der personalen, liebenden Begegnung, beschreiben will, könnte dabei auf den Begriff (wenn auch nicht auf die Funktion) der Sexualität sogar verzichten – das hat die Kunst in allen ihren Sparten bis zu unserem Jahrhundert hin glänzend bewiesen –, aber niemals auf den Begriff und die Funktion der Liebe. Wer andererseits die Liebe zur Sexualität entmythologisiert und ihr damit eine eigene, umfassende Qualität ab-

spricht, zerstört das Bild des Menschen und verletzt die Würde der Person tief und nachhaltig.
Es entsteht dann das unserer Zeit als Gefahr drohende geistige Klima, in dem der banale Satz „Liebe ist Apfelsäure" für wissenschaftlich legitimiert gilt und damit für wahrer als der so ganz andere, an dem alle Hoffnung für die Menschlichkeit des Menschen hängt, nämlich der Satz „Gott ist die Liebe".
Theologie als das Sprechen von Gott ist immer auch das Sprechen von Liebe. Muß es verstummen, wenn von Sexualität die Rede ist? Es sollte gerade die Religion, die von der Liebe in ihrer umfassendsten Form kündet, sich bereit halten, auch die Sexualität in ihrer ganzen Weite als einen Ausdruck gottgewollter Geschöpflichkeit des Menschen anzunehmen. In der Gewißheit, daß sogar „Apfelsäure" samt ihren Wirkungen eine von Gott gutgeheißene Materieform ist, sollte sie den Mut finden, die Sexualität (auch die genitale) von *oben* her zu erklären, statt sie der alleinigen Erklärung von *unten* zu überlassen. Denn eine „Theologie der Sexualität" wird alle geschöpflichen Seinsweisen des Menschen auf Ihn, der die Liebe ist, zu beziehen haben. Dieser Weg soll in den folgenden Kapiteln beschritten werden.

Seid fruchtbar und mehret euch!

Die zweifache Herkunft der Sexualität

> Der Gesamtaspekt des Lebens ist nicht die Hungerlage, vielmehr der Reichtum, die Üppigkeit, selbst die absurde Verschwendung. Fr. Nietzsche

Nehmen wir die Sexualität als eine natürliche Grundkonstante und einen animalischen Trieb, so erweist sie sich als biologisch so legitimiert wie alle anderen Antriebe. Sehen wir dazu noch auf den Prozeß der Evolution als einer aufsteigenden Entfaltung des Lebens, so wird Sexualität zum notwendigen Motor des Geschehens und erscheint *von unten her* völlig erklärt. Wie merkwürdig aber, daß sie dennoch in einem drängenden Ansatz auch theologisch, auch *von oben her,* in die Schöpfung eingeführt und damit von Gott selbst gerechtfertigt wird! Wo sonst hätte der Schöpfergott seinen Geschöpfen je befohlen, was sie aus sich selbst heraus nur allzugern und willig anstreben? Aber dieses „Seid fruchtbar, mehret euch und füllet die Erde!" wird in der Schöpfungsgeschichte der Bibel mehrfach wiederholt dem Menschen und dem Tier als ausdrücklicher (bei den Tieren sogar als einziger) Auftrag mit auf den Lebensweg gegeben. Es kann also nicht ein Befehl sein an Kreaturen, die ihn befolgen oder in einem Sündenfall auch verweigern könnten, sondern es muß hier eine Fortsetzung der Schöpfertätigkeit selbst vorliegen, ein Ausstatten und Zurichten der Geschöpfe mit einer Eigenschaft, die Gott ihnen zugedacht und anerschaffen hat.

Die Sexualität der Geschöpfe wird so im Nachhall eines göttlichen „Es werde!" zu einem kreatürlichen „Und es ward" – also zum Vollzug ausdrücklichen Schöpfer-

willens und damit zum Bestandteil einer gutgeheißenen und gesegneten Schöpfung.
Wie in der Evolution des Lebendigen insgesamt, in der eine biologische Aszendenz und eine theologische Deszendenz als die beiden Richtungen der doppelten Herkunft allen Lebens erst zusammen die ganze Wirklichkeit ausmachen – in dem Buch „Schöpfung oder Evolution" (Illies, 2. Aufl. 1980) wurde darüber berichtet –, gilt auch für die Sexualität in allen ihren Erscheinungsformen, daß sie nur dann in ihrem Wesen zu erfassen ist, wenn sie aus beiden Richtungen betrachtet und ernst genommen wird: *von unten her* als archaisches Erbe der Evolution, das beim Menschen zum „Erdenrest, zu tragen peinlich", zu werden scheint, und *von oben her,* wo sie als Nachhall eines dringlichen Schöpfungswortes das genaue Gegenteil eines Erdenrestes sein muß, nämlich ein „Himmelsrest". Beide Wege sollen in diesem Kapitel gegangen werden.

☐ *Von unten her,* das ist die Erklärungsrichtung der biologischen Evolution, des als geschichtlicher Prozeß der Biosphäre anerkannten Aufstiegs, einer *Aszendenz* also, die irreführenderweise in der Biologie als Lehre von der „Deszendenz" gilt. Das dramatische Geschehen dieses Aufstiegs von der Amöbe zum Menschen, das sich im zoologischen System spiegelt und zu dessen Erklärung die einzig mögliche naturwissenschaftliche Begründung liefert, bildet den notwendigen Hintergrund für das biologische Verständnis der Sexualität. In dieser Sicht zeigt sich allerdings bald, daß nicht die Sexualität selbst der eigentliche Hintergrund der Generationenfolge ist, sondern ein noch allgemeineres, auch ohne Sexualität mögliches Geschehen, nämlich die *Fortpflanzung.* Nicht wie, sondern *daß* sich die Organismen fortpflanzen, *daß* sie „fruchtbar sind und sich mehren", ist die absolute Voraussetzung dafür, daß eine Veränderung im Bestand der Arten überhaupt denkbar wird: Die Nahtstelle zwischen den Generationen erst macht diese zu den Kettengliedern eines Evolutionsprozesses. Der Tod der alten und der neue Anfang jeder nachfolgenden Generation bringen in das sonst starre System die Bewegung, die wir benötigen, um uns eine Vorstellung zu machen vom Wandel, der den Aufstieg bewirkt.

Fortpflanzung ist also in dieser biologischen Sicht das Primäre, und Sexualität erweist sich als sekundär, als spezielle Form von Fortpflanzung, die sich erst allmählich im Laufe der Evolution entwickelt hat und erst spät – bei den höheren Lebensformen – zur einzig möglichen Form aller Vermehrungsvorgänge wird. An der Basis der biologischen Evolution, also bei Viren und Bakterien, sind sexuelle Erscheinungen nicht zu beobachten.

Nehmen wir diese Basis als den Anfang, so müssen wir konstatieren, daß das Leben zunächst *asexuell* war, also unsere gewohnten Vorstellungen von zwei Geschlechtern und deren zur Fortpflanzung führendem Verhalten noch nicht kannte.

Dagegen lassen sich schon bei den einzelligen Algen – also bei Lebewesen an der gemeinsamen Basis der pflanzlichen und tierischen Stammbäume – eindeutig die Anfänge der Sexualität beobachten, und zwar zunächst in der Form einer *relativen* Geschlechtlichkeit. Im Säftehaushalt der Einzelzellen mancher Algen zeigt sich bei einer bestimmten Substanz (dem gelben Farbstoff Crocetindimethylester) eine *Verschiebbarkeit des Gleichgewichts,* so daß einige Zellen mehr von der Cis-, andere mehr von der Trans-Form dieses Wirkstoffes besitzen. Überwiegt die Komponente des Trans-Esters, so benimmt sich eine solche Zelle als männlicher Gamet: Sie schwimmt mit Geißeln zu einer weiblichen Zelle und verschmilzt mit ihr. Überwiegt dagegen der Cis-

Ester, so reagiert die Zelle als weiblicher Gamet, wirft ihre Geißeln ab, bleibt unbeweglich und lockt „Männchen" an.
Auf die relative Intensität der ausgeschiedenen Lockstoffe und das Ungleichgewicht der Körpersäfte kommt es also bei der Begegnung zweier solcher Zellen an, und es entscheidet sich unter Umständen erst am Partner, wie die Einzelzelle ihm gegenüber reagiert: männlich oder weiblich.
Aufgrund dieses verwirrenden Tatbestandes kamen die Algenforscher zu folgender verallgemeinerter *Sexualitätshypothese:* „Jede Zelle ist bisexuell oder hermaphrodit, d. h., sie besitzt die vollständigen Anlagen (Potenzen) des männlichen und weiblichen Geschlechts. Durch die überwiegende Entfaltung der einen oder anderen dieser Anlagen wird eine Zelle männlich oder weiblich in bezug auf eine andere Zelle, bei der die entgegengesetzte Anlage überwiegt" (M. Hartmann, 1943).
Sexualität bedeutet hier also nicht völlige Spaltung, völliges Anderssein der Geschlechter, sondern nur das Verlassen der allgemeinen Ruhelage eines physiologischen Gleichgewichts im Sinne einer relativen Verschiebung. Wenn wir uns – im kühnen Sprung von den Algen zu den höchsten Tierformen – der physiologischen Bedingungen der Geschlechtsbestimmung bei den *Säugetieren* erinnern, so müssen wir feststellen, daß auch hier die sexuellen Unterschiede physiologisch mehr oder weniger relativ erscheinen: Für die große Mehrheit der genetischen Informationen dienen die sexuell neutralen Körperchromosomen (beim Menschen zweimal 22), für die sexuelle Bauplan-Information aber sorgen die Geschlechtschromosomen (X und Y), die nicht etwa in klarem Entweder-Oder wirksam werden, sondern in einer sich gewissermaßen gegenseitig behindernden Mischung (XY) beim männlichen Geschlecht und

einseitig, ohne Gegenfaktor, beim weiblichen Geschlecht (XX).

Als Ausdruck dieser Relativität – fast möchte man sagen: dieser zögernden Unentschlossenheit – gibt es (offenbar infolge eines mehr oder weniger wirksam werdenden Y-Chromosoms) auch Intersexe und Zwitterbildungen. In Einzelfällen können durch fehlerhafte Kernteilungsvorgänge (von XO bis XXXXXY) ganze Spektren mehr oder weniger relativierter Geschlechtlichkeit auftreten. Beim Menschen zeigt sich dann zwar an den pathologischen Begleiterscheinungen solcher abnormer Sexualität (Turner-, Klinefelter-Syndrom etc.), daß hier genetische Monstrositäten vorliegen, die eigentlich von der Natur nicht gewollt sind, doch bleibt der Eindruck bestehen, daß Sexualität an sich, bei Algen wie bei allen anderen Lebewesen, etwas Relatives oder zumindest Relativierbares ist.

In zoologischer Sicht ist damit die Absolutheit, die wir im vorigen Kapitel der Sexualität als Schicksalsentscheidung und Seinsform der Menschheit zugeschrieben hatten, nicht voll zu erkennen. Sie behält hier vielmehr insgesamt einen windigen und zwittrigen Charakter, der doch gerade bei der Betrachtung „von unten" erstaunen muß. Wenn Fortpflanzung bei höheren Lebensformen allein durch Sexualität gesteuert wird, wieso eigentlich kann es sich „die Evolution" dann leisten, diesen entscheidenden Faktor des Lebens so unzureichend zu stabilisieren? Die Antwort der Biologie wird lauten: Weil Sexualität eben *kein* entscheidender Faktor ist, sondern nur eine von vielen im Laboratorium der Evolution durchprobierten Möglichkeiten und Tricks der Natur, um den Zweck der Fortpflanzung zu erreichen. Man wird dabei darauf hinweisen, daß in vielen Fällen andere Formen der Fortpflanzung „ausprobiert" und zumindest vorübergehend etabliert wurden: sexuelle Doppelgeschlechtlichkeit (Zwittertum), Selbstbefruchtung, aber auch asexuelle Fortpflanzung durch Jungfernzeugung, Ableger, Knospung und Teilung. Doch solche Nebenwege, die oft genug wie biologische Notbehelfe wirken, können uns nicht über die Tatsache hinwegtäuschen, daß Sexualität in ihrer Normalform – als Getrenntgeschlechtlichkeit einzelner sich zum Befruchtungsprozeß zusammenfindender Individuen – für die überwiegende Mehrzahl aller tierischen Arten gültig ist. Die durch diese Fremdbefruchtung garantierte Neukombination der vorher in einer Reduktionsteilung in den Keimzellen auf halben Bestand gebrachten Chromosomen ist offensichtlich die durchgängige „Absicht" des ganzen Vorgangs und damit der erkennbare biologische Zweck der Sexualität.

Nur scheinbar sind die Verhältnisse bei den *Pflanzen* anders. Zwar zeigt sich hier gerade bei den höchsten Formen, den Blütenpflanzen, äußerlich eine neutrale Geschlechtslosigkeit der Einzelorganismen, doch sind in den Blüten die eigentlichen Geschlechtsorgane (die männlichen Keimzellen in den Pollen bzw. auskeimenden Pollenschläuchen, die weiblichen Eizellen im Fruchtknoten) streng voneinander getrennt und weisen durch den deutlichen Zug zur Fremdbestäubung in die gleiche Richtung einer polaren Sexualität wie die Tiere. Wenn in den meisten Fällen die Befruchtung der pflanzlichen Eizellen nur auf dem merkwürdigen und überaus komplizierten Umweg der Pollenübertragung durch Insekten gelingt, wobei Form, Farbe und Duft der Blüten als Anlockungssignal für die Bestäuber wirken, so zeigt sich abermals, welche entscheidende Bedeutung die mit so großem Aufwand erreichte Neukombination der Chromosomen in den Keimzellen verschiedener Einzelorganismen für die Frucht und damit für die jeweils nächste Generation besitzt.

Es kann aber der Blütenbesuch der Insekten auch zum Selbstzweck werden und von der Sexualfunktion der

Fortpflanzung sekundär wieder völlig abgespalten sein wie beim Löwenzahn. Seine goldgelbe Blütenpracht lockt zwar auf jeder Sommerwiese zahllose Insekten an und versorgt sie mit Pollen, doch entwickeln sich seine Samenkörner grundsätzlich ohne Befruchtung, so daß der ganze Aufwand für die Blütenbesucher zur „fremddienlichen Zweckmäßigkeit" geworden ist und damit im Licht des Selektionsmodells der Evolution zu einem geradezu ärgerlich sinnlosen Rudiment.

Andererseits gibt es auch bei Pflanzen gelegentlich eine sexuelle Beziehung zu ihren Besuchern aus dem Insektenreich, die von verblüffender Direktheit ist: Manche unserer einheimischen Orchideen ahmen mit Farbe, Muster und Gestalt der Blütenlippe den Leib eines bestimmten weiblichen Insekts so täuschend nach, daß die zugehörigen Männchen dieser Hautflüglerarten zu einem regelrechten Begattungsversuch verlockt werden, bei dem dann der getäuschte Hochzeiter zwar nicht sein Weibchen, wohl aber durch den von früheren Versuchen mitgeführten Pollen die Orchideenblüte befruchtet.

Betrachten wir die ganze Skala pflanzlicher Bestäubungsvorgänge, so stellt sich – noch dringlicher als bei den Tieren – die Frage nach der Notwendigkeit dieses großen Aufwandes, dessen Zweck doch so offenkundig auch einfacher mit Selbstbefruchtung, ja notfalls mit Knollen und Ablegern zu erreichen wäre. Sind Schönheit und Duft der Blumen und der taumelnde Flug bunter Schmetterlinge, die für ihren Besuch mit süßem Nektar belohnt werden, wirklich ausreichend erklärt als „Trick" einer notwendigen Fremdbefruchtung der Pflanzen? Oder weisen nicht gerade „der Reichtum, die Üppigkeit, selbst die absurde Verschwendung" (wie sie Fr. Nietzsche für das Leben insgesamt reklamiert) auf mehr als nur Zweckmäßiges hin, auf einen Sachverhalt nämlich, der in der Erklärung von *unten* und mit den

Mitteln der biologischen Denkweise allein unerklärbar und rätselhaft bleiben muß?

Dies gilt, wenn auch in ganz anderer Weise, auch und gerade für die *Sexualität des Menschen.* Statt der nach außen gewandten, sich eindringlich demonstrierenden Geschlechtlichkeit der Blüten finden wir hier den gegenteiligen Zug einer verhüllenden, sich dem Außen möglichst entziehenden Innerlichkeit, die den Schutzmantel der *Scham* über die Sphäre der Geschlechtsvorgänge breitet.

Auch dies ist höchst erstaunlich, ja eigentlich völlig unerklärlich: Wieso konnte sich in einem Antriebsbereich, der unmittelbar mit Fortpflanzung zu tun hat – und daher mit der „Selektion des Tüchtigsten" –, ein Verhalten einstellen und beständig durch alle uns bekannten menschlichen Kulturen erhalten, das dem Zweck der Sexualität geradezu entgegengesetzt wirkt? Die Fähigkeit des Menschen, sich seiner eigenen Tierhaftigkeit zu schämen, ist, von der Zoologie her gesehen, ein Skandalon. Gerade diese Fähigkeit selbst schafft erst den Abstand, auf dem sie beruht, denn „Abwesenheit von Schamgefühl ist ein sicheres Kennzeichen von Schwachsinn", sagte S. Freud und setzte damit dem Zustand, dem wir beim Tier volle Natürlichkeit und Unschuld zubilligen, einen völlig anderen, rein menschlichen gegenüber, bei dem nicht mehr gilt, was bei den Tieren gültig ist. Am Ende eines langen Weges der Erklärung von unten gelangen wir beim Menschen zu paradoxen Ergebnissen, vielleicht nirgends deutlicher als im Bereich der Sexualität. Doch das spricht nicht gegen den Menschen, sondern ausschließlich gegen den Alleingang seiner Erklärung auf dem Weg von unten.

Wird aber schon die Sexualität an der menschlichen Spitze der Evolution scheinbar von paradoxen Verhaltensweisen begleitet, die sich dem zoologischen Verständnis entziehen, so gilt das für die *Liebe* noch mehr.

Sie ist in ihrer reinen Form den biologischen Eigeninteressen des einzelnen oft geradezu entgegengesetzt. Sie kennt Zurücknahme der eigenen Wünsche, Opfer, Verzicht – alles Erscheinungen, die in das grobe Raster der Auslese des Tüchtigsten gar nicht passen wollen. Man kann sie daher hier nur schlechtweg leugnen (wie es ein konsequenter Materialismus schließlich auch tun wird), oder man muß sie entmythologisieren, indem man für die Erklärung von unten nach einem „Zweck" fahndet, der auch der Selbstlosigkeit noch innewohnen könnte.

Konrad Lorenz, der in seinem Buch „Das sogenannte Böse" die Grenze zwischen Zoologie und menschlicher Kultur bewußt zu überspringen suchte, fand denn auch für die Liebe (für das „personale Band") eine zoologisch allenfalls bei Graugänsen zufriedenstellende Zweckmäßigkeitserklärung, indem er diese Haltung insgesamt als ein Stück sexueller Strategie enttarnte, bei der es im wesentlichen um die Ausschaltung der Aggression geht, also um die Unterdrückung eines anderen, für die Geschlechterbeziehung hinderlichen Naturtriebes. „Als in der Stammesgeschichte mancher Lebewesen die Aggression gehemmt werden mußte, um das friedliche Zusammenleben zweier oder mehrerer Individuen zu ermöglichen, *entstand* das Band der persönlichen Liebe und Freundschaft" (1963). Dies ist zwar nur eine Beschreibung, keinesfalls eine Erklärung der Entstehung der Liebe, doch läßt sich dieser Satz gerade darum auch umkehren und nimmt dann eine Form an, die nicht mehr von unten her argumentiert und daher die zoologische Intention der ganzen Aussage vernichtet: Als das Band der personalen Liebe und Freundschaft entstand, mußte die Aggression gehemmt werden . . .! Aber wie denn das?

Der Zoologe Desmond Morris hat mit seinem „Nackten Affen" wenige Jahre später in der gleichen neodarwinistischen Bauernschläue vor sich hin gedacht. Liebe ist für ihn nichts als sexuelle Prägung auf den „Partner-Gatten", die dessen allgemeine sexuelle Reaktionsfähigkeit im Sinne der monogamen Konzentration auf Kinderbetreuung wünschenswert einschränken soll. Sie ist damit – gottlob, denn nun gilt sie als erklärt! – ein Trick der Natur, um das an sich zu schweifender Lebensweise und häufigem Partnerwechsel neigende Menschenvolk an seine Fortpflanzungspflicht zu ketten, da diese nun einmal nicht nur die Zeugung, sondern auch langjährige Familienbildung erfordert. Liebe ist also zweckmäßig, und daher gilt: „Raubaffenmann und Raubaffenfrau mußten sich ineinander verlieben und einander treu bleiben!" Morris läßt keinen Zweifel daran, daß diese feste Prägung an sich bedauerlich und für moderne Leute eher hinderlich ist, nämlich als ein Rest von archaischem Naturerbe, den zu tragen wir uns eigentlich zu schade sein sollten. So forderte er in einem späteren Buch konsequent dazu auf, sich hier nicht länger von der Natur und ihren Zwängen unterdrücken zu lassen, sondern „aus dem Menschenzoo einen herrlichen menschlichen Wildpark zu machen". In dem nämlich, so meint er, „könnten wir uns weitschweifigen erotischen Eskapaden mit jedem zu jeder Zeit und ohne leiseste Nachwirkung hingeben . . . Es ist schließlich auch möglich, lukullisch zu schlemmen, ohne fett oder krank zu werden" (Der Menschenzoo, 1969).

In solchen Ansätzen verkommen Zoologie und vergleichende Verhaltensforschung zur Argumentationshilfe für Emanzipationsideologie und verlieren zugleich ihre wissenschaftliche Würde. Die Liebe, die sie nicht von unten her erklären können, müßten sie als ein Geheimnis, als still zu verehrendes Unerforschbares, in ihrem Zentrum bewahren, statt sie der beliebigen Spekulation oder ideologischen Ausbeutung zu überlassen. Das letzte Wort einer Wissenschaft, die an ihre Grenzen stößt, darf nicht in unbekümmertem Hochmut freier Phantasie gesprochen werden, sondern erfordert die demütige Einsicht, daß der Mensch mehr ist als seine Zoologie, ja daß in der Liebe eine Kraft in Erscheinung tritt, die mehr ist als der Mensch.

□ *Von oben her* sieht alles ganz anders aus. War die *Liebe* im Blick von unten das letzte, verstiegene, ja paradoxe Endglied einer biologischen Aszendenz, so ist sie in der Blickrichtung von oben der Anfang schlechthin; denn „Gott ist die Liebe" (1. Joh. 4:16), daher kann Gottes Schöpfung theologisch nur die *Deszendenz* der göttlichen Liebe in die Welt bedeuten, und jedes Verständnis des Lebens hat mit der Liebe zu beginnen, als mit dem „Wort" (Logos), das im Anfang bei Gott war. Auch der Mensch kann in dieser Sicht nicht am Ende stehen, selbst dann nicht, wenn er im jüngeren Schöpfungsbericht (der Priesterschrift) erst als letzter erschaffen wird. Denn die näheren Umstände dieser Erschaffung rücken den Menschen so stark in die Nähe Gottes – „ihm zum Bilde" wird er ja erschaffen! –, daß *Gott, Anfang, Logos* und *Liebe* im Menschen stärker als in jeder anderen Kreatur präsent sind. Unser Versuch, Liebe und Sexualität von oben her als Kräfte des Lebens zu begreifen, wird daher mit dem *Menschen* beginnen müssen, um dann entgegen dem Gefälle der biologischen Evolution in die niederen Stufen des Seins hinabzusteigen. Dabei wird die Liebe zur Fackel, deren Licht den Weg in die Finsternis erhellt und die nicht (wie in der Zoologie) als letztes unerklärlich bleibt, sondern die als erstes das Zentrum wird, von dem jede spätere Erklärung ausgeht: War in der zoologischen Aszendenz die Sexualität das Sekundäre und Relative, so wird sie im Verbund mit der Liebe in der theologischen Deszendenz zum Absoluten und Primären.

Dies alles kann uns zwar nur dann erkennbar werden, wenn wir die gefahrlose Ebene der Naturwissenschaften verlassen und uns in die geistigen Höhen wagen, in denen die *Bibel* als Selbstoffenbarung Gottes ernst genommen wird, aber dazu ermächtigt uns die Kraft und „gewisse Zuversicht" des Herzens, die wir unseren Glauben nennen, die nichts mit Vermuten oder gar mit Spekulation, aber alles mit Anerkennung und demütigem Respekt zu tun hat und letztlich selbst der tiefste Ausdruck jener göttlichen Liebe und Gnade ist, von der sie kündet. In diesem Sinn hat dann jedes Wort der heiligen Texte eine hohe Bedeutung und kann uns zu unserem Vorhaben nützen.

Da geht es zunächst um die *Erschaffung des Menschen* als krönenden Abschluß eines göttlichen Heilsplans, dem zwar andere Schöpfertaten des „Sechstagewerkes" vorangingen, aber doch nur, weil *vor* ihnen schon der Sinn ihrer Erschaffung als göttlicher „Zweck" vorhanden war, nämlich der Mensch, der über sie herrschen soll und für den Gott sie erschafft (Gen. 1:26). Diese Erschaffung des Menschen – feierlich angekündigt und dann erst ausgeführt – steht unter der schwerbegreiflichen, aber mehrfach ausdrücklich betonten Absicht Gottes, ein Wesen entstehen zu lassen, das nach seinem „Bild und Gleichnis" gestaltet ist (Luther: „ein Bild, das uns gleich sei"). Als Vollzug dieser Absicht wird dann festgestellt: *Männlich und weiblich schuf er sie.*

Hier sehen wir also die Sexualität (als allgemeine Zweigeschlechtlichkeit) ganz an den Anfang aller Aussagen gerückt. So dicht folgt diese Feststellung der zwei verschiedenartigen Seinsweisen des Menschen auf die Absicht Gottes, ihn sich „zum Bilde" zu machen, daß der Gedanke naheliegt, auch und gerade diese Zweigeschlechtlichkeit selbst für ein Bild Gottes zu halten. Gegen ein solches „androgynes" Gottesbild hat sich zwar die klassische Theologie weitgehend gesperrt (meist unter dem wenig überzeugenden Verweis darauf, daß dieses Detail im Psalm 8 fehle), aber Karl Barth sah dennoch in dem Hinweis auf das „Männlich-Weiblich" eine „geradezu definitionsmäßige Erklärung" der Gottesebenbildlichkeit.

Das uralte Wissen der Gnosis ging stets davon aus, daß in Gott beide geschlechtliche Potenzen wirksam seien; doch brauchen wir diesen Strömungen hier nicht nachzugehen, sondern nur streng dem Wortlaut zu folgen, um mit Sicherheit konstatieren zu können: Männlich und weiblich zu sein ist die *erste* konkrete Angabe über das Wesen des Menschen, die uns der Schöpfungsbericht der Priesterschrift übermittelt. Und dies nicht im Sinne einer relativen Zwittrigkeit, in der etwa „der" Mensch Adam männlich und weiblich zugleich wäre, sondern in einem schroffen grammatischen Wechsel schließt der Text gerade diese Möglichkeit aus, und zwar nachdrücklich zweimal (Gen. 1:27 und 5:1), in dem, vom Singular auf den Plural springend, gesagt wird: „. . . schuf er *sie*" (bara otam). Auch kann keine Frage bestehen, was mit diesem „männlich und weiblich" gemeint sei: Die gleichen Worte (zakar u-neqeba) werden im Text auch für die Tiere gebraucht, die Noah als Paare zu sich in die Arche nimmt, . . . *Männliches und Weibliches von allem Fleisch* (Gen. 7:16).

Wir dürfen also davon ausgehen: Die Zweigeschlechtlichkeit ist dem Menschen nicht nur primär anerschaffen, sondern sie muß als unmittelbare Absicht Gottes mit seinem Ebenbild ein Schlüssel sein zum Verständnis des Menschen und der Schöpfung insgesamt. Gott, der selbst die Liebe ist, schafft sich sein Ebenbild in zweifacher, polarer Gestalt, damit sich *zwischen ihnen* entfalten kann, was er selbst ungeteilt in sich birgt. Sexualität – im Sinne der Zweigeschlechtlichkeit des Menschen – ist also ein Ermöglichungsgrund für Liebe und trägt damit ihre Begründung in sich selbst.

Denn von *Fortpflanzung* ist zunächst noch nicht die Rede, sie wird auch in dem anderen (jahwistischen) Schöpfungsbericht nicht als Auftrag des ersten, paradiesischen Stadiums erwähnt, sondern sie erscheint erst nachparadiesisch als Folge der Vertreibung und als nunmehr angemessene menschliche Lebensform jenseits von Eden. Deutlich zeigt aber auch der priesterschriftliche Schöpfungsbericht, daß Fortpflanzung gegenüber Sexualität sekundär ist, denn nach der ebenbildlichen Erschaffung als Mann und Frau ergeht in einem *zweiten Akt der Schöpfung* – als zweiter Schritt einer Deszendenz – der Befehl der Fruchtbarkeit und Fortpflanzung. Gott hat erschaffen (dreimal ist das ihm vorbehaltene, feierliche *bara* des „Schaffens aus dem Nichts" in Gen. 1:27 erklungen), und danach heißt es: . . . *und er segnete sie und sprach* (C. Westermann übersetzt noch eindringlicher: „indem er sprach"): *Seid fruchtbar und mehret euch und erfüllet die Erde und unterwerft sie* (1:28). Hier, beim Schritt vom Logos ins Fleisch, engt sich die Sexualität von der allgemeinen Zweigeschlechtlichkeit nun zum Geschlechtsleben im genitalen Sinne ein, *nun erst* – so schildert der andere Schöpfungsbericht den gleichen Tatbestand – erkennen beide Menschen, daß sie nackt sind (3:7), *nun erst* erkennt Adam sein Weib als „Mutter aller Lebenden" (3:20, 4:1), und *nun erst* erkennt auch Eva, daß sie in ihm „einen Mann gewonnen hat" (4:1).

Im späten Nachklang des gleichen mehrschichtigen Geschehens, das zunächst von der Erschaffung im Geist und danach von der Einsetzung in die Zwänge des Fleisches berichtet, läßt auch die Erzählung von der *Sintflut* diese Reihenfolge deutlich werden. Denn im Noahbund, also in der eigentlich irdischen Menschwerdung nach dem Durchschreiten der vierzigtägigen Todeszone, die eine feinstoffliche, paradiesisch-jenseitige Welt vom *Diesseits* trennt, in das Noah die Seinen her-

überführt, beginnen auf Gottes ausdrückliches Geheiß *nun erst* die Zwänge der grobstofflichen Biologie.
Wiederum läßt die Priesterschrift (Gen. 9:1) Gott *nun erst* den Fruchtbarkeitssegen über Noah und die Seinen ergießen, bei dem im gleichen Wortlaut (peru urebu . . ., seid fruchtbar und mehret euch) die Sexualität zur Fortpflanzungsfunktion berufen wird, und andere leibliche Zwänge dazu. Denn nun wird auch der Fleischverzehr als *Speise* dem Menschen befohlen und damit die Herrschaft über Leben und Tod der Tiere (9:2,3), und nun – so ergänzt der Jahwist – wird der Mensch aus einem verworfenen „Diener der Erde" (Kain, 4:2), dem sie „ihre Kraft nicht gibt" (4:2), zum von Gott bevollmächtigten „Herrn der Erde" (Noah, 9:20), dem sie hinfort, nach Aufhebung des Fluches, sich nicht mehr verweigert, sondern den *Wein* gibt, der trunken macht (9:21).
Wird hier nicht in eindringlicher Deutlichkeit die nun einsetzende diesseitige Wirklichkeit in der irdisch-derben Dreiheit des Fortpflanzens, Essens und Trinkens ausgedrückt? Zur geistig-unschuldigen Gefährtenschaft der Liebe, zu Nektar und Kräutern des Paradieses sind Zeugung, Rinderbraten und Wein hinzugetreten, das „fünfte Geschlecht" Hesiods, der irdische Mensch unseres Äons, ist inkarniert!
Hier ist nun auch der Ort der *Scham,* die im Blick von unten so unbegreiflich erschien. Denn die Fortpflanzung – dieser späte Befehl Gottes an seine Geschöpfe – ist nur deshalb ein Segen, weil sie den *Tod* kompensiert. Es gab keinen Tod im primären Reich der erschaffenen Urbilder (die „Ideen" sind ewig und unwandelbar), er trat erst sekundär auf, er ist „der Sünde Sold". In der mutwilligen Preisgabe des todlosen Zustandes, im *Sündenfall* als dem Überschreiten der Grenzen reinen Seins in Gott, wurde vom Menschen des jahwistischen Schöpfungsberichts die Diesseitigkeit des Daseins, die von

nun an ihr Schicksal ist, im Ungehorsam erlangt. Die Liebe Gottes und die Liebe der Menschen haben von nun an mit dem Tod zu tun, denn er ist das eigentliche Kennzeichen des verlorenen Paradieses. So muß die Sexualität, die doch primär ein Ausdruck göttlicher Ebenbildlichkeit im todlosen Sein des Menschen war, nun die dienende Rolle eines *Widerparts des Todes* einnehmen.

Die Insignien dieser Fortpflanzungssexualität, die Genitalien und der biologische Zwang des Geschlechtstriebes, sind daher von der Schuld der Ureltern durchtränkt. Darum schämen sie sich (und wir mit ihnen), nicht ihrer Geschlechtlichkeit wegen, die Fortpflanzung ermöglicht, aber wegen ihres Ungehorsams, der Fortpflanzung notwendig machte.

Das Schicksal des Abstiegs der Urbilder in die Zwänge des irdischen Seins, diese Indienstnahme ihrer Sexualität für die Fortpflanzung, teilen die *Tiere* mit dem Menschen – er riß sie im Sündenfall mit sich, so daß sie nun so „nackt" sind wie er, wenn auch ohne Schuld. Auch an Fische, Vögel, Kriechtiere, an das Wild und die Haustiere ergeht daher in einem zweiten Akt *nach* ihrer Erschaffung Gottes Segen, der ihnen die heilsbringende, den Tod überwindende Kraft der Fruchtbarkeit verleiht. Denn auch für sie heißt es: Gott segnet sie, indem er sagt: *Seid fruchtbar und mehret euch!* (Gen. 1:22). Und in der Spiegelung des gleichen Vorgangs beim Jahwisten heißt es beim Durchgang durch die Sintflut, daß Noah sie mit sich herüberretten soll: . . . *zwei von allen kommen zu dir, sie am Leben zu halten!* (6:20). Nach der Sintflut aber ergeht dieser Einsetzungsbefehl in die biologischen Zwänge, dieses nochmals wiederholte, nun gewissermaßen endgültige und abschließende Segenswort als Gebot an Noah (!), der in der Funktion der Ebenbildlichkeit wie ein Vollstrecker tierischen Inkarnationsschicksals erscheint: *Alles Lebendige, das mit dir ist, von allem*

Fleisch, Vogel, Herdentier und alles Gerege, das sich auf Erden regt, laß hinausziehen mit dir, daß es auf Erden wimmle, daß es fruchte und sich mehre auf Erden! (Buber, Gen. 8:15).

In der liebenden Rettungstat Noahs an den Tieren wird er – der Mensch – nun zu ihrem wahren Herrn, der ihnen nicht nur (wie Adam im Paradies) Namen und Bestimmung erteilen darf, sondern nun *auch* „Furcht und Schrecken" unter ihnen verbreiten wird, indem er sie tötet und ißt. Aber zugleich bleibt es doch im ganzen bei der ursprünglichen Liebestat der Rettung, die ein Tierleben jenseits von Eden erst möglich machte.

War also in der Existenz des Menschen Liebe das erste und Fortpflanzung das zweite, so gilt diese Deszendenz auch für die Tiere, wenn auch in der passiven Form des absteigenden Empfangens von Gnadengaben: *Erst* mußte der Mensch Noah in Gottes Auftrag ihre Urbilder in einer Liebestat retten und mit sich herübernehmen, *dann* konnten und mußten sie sich paarweise in die Sexualfunktionen einfügen, *„um sie am Leben zu halten"*. Aber ein beständiger Nachschub an menschlicher Liebe bleibt weiterhin nötig, um die Tiere durch die Zeiten zu tragen, denn sie bleiben uns anheimgegeben zu mehr als Furcht und Schrecken, nämlich zur Liebe. So sagt es Paulus, der vom „ängstlichen Warten der Kreatur auf die Offenbarung der Kinder Gottes" spricht (Rö. 8:19), und so lebt es die franziskanische Geisteshaltung vor. Doch gilt es auch das *Tier in uns* zu erlösen, nicht unsere Liebesfähigkeit seinen sexuellen Drängen zu opfern, sondern von oben her – im Abstieg aus den reinen Sphären der Ebenbildlichkeit zu fernen, durch den menschlichen Fall mitgerissenen Teilen der Schöpfung – mit der Kraft der Liebe die in uns lebende Gewalt der animalischen Sexualität zu heiligen.

Blicken wir vom Menschen hinab ins Tierreich – sehen wir von oben und entgegen dem biologischen Gefälle der Evolution in die Schöpfung hinein –, so haben wir am Anfang die Liebe Gottes, dann die des Menschen. Ebenso haben wir, eine Stufe tiefer, am Anfang die Sexualität des Menschen und dann die des Tieres. Von der Absolutheit der Liebe und der Zweigeschlechtlichkeit des zentralen Geschöpfes Mensch geht es in die Relativität der zur Zeugung berufenen Sexualität, die die Funktion der Fortpflanzung übernimmt, bei den höheren Tieren mit ihr gewissermaßen identisch wird und sich bei den niederen Tieren nach unten im Dämmern eines neutralen Gleichgewichts verliert. Denn schließlich gibt es dort auch Fortpflanzung *ohne* Sexualität, so wie es überall im Tierreich Sexualität *ohne* personale Liebe gibt.

Allmählich verliert sich also die Sexualität im theologischen Abstieg aus dem Blick, während sie im Aufstieg (im biologischen Blick von unten) allmählich aufzutreten schien. Und während für die Biologie der Sexualität das eigentliche Rätsel im Auftreten der Liebe liegt (die unerklärlich, ja ein ärgerliches Skandalon der Naturwissenschaft ist), liegt für die Theologie der Sexualität umgekehrt das Rätsel gerade in ihrem Nachlassen an der Basis des Lebendigen. Warum gibt es so wenig oder gar keine personale Liebe unter den Tieren, warum so wenig oder gar keine Sexualität unter den niedrigsten Lebensformen? Dies ist die eigentliche Frage, die sich der Betrachtung von oben aufdrängt.

Nur in solchem Blick von oben wird man dem Wesen der einzelnen Tiergestalten und Typen überhaupt voll gerecht werden können, denn wenn man den Abstieg der Liebe in der Kette ihrer Gestalten verfolgt, wird man alle die Strukturen und Muster der tierischen Selbstdarstellung ernst nehmen können, die der karge Blick von unten – gebannt vom Verfolgen des Aufstiegs zunehmender Zweckmäßigkeit der Sexualität – übersieht.

Eine *Tierwesenskunde,* die nach dem Warum und dem schicksalsmäßigen Auftrag der Tiere fragt, kann nun überhaupt erst einsetzen. Sie wird überall dort Wesenhaftes freilegen können, wo sonst der zoologische Blick sich allzuleicht in einer evolutionistischen Herleitung erschöpft und vor dem Ausdruckswert der Erscheinungen verständnislos kapituliert. Von Goethes Studien, der solche Wesensschau betrieb, zieht sich eine fruchtbare Forschertradition zu den anthroposophischen Morphologen und Zoologen, wie H. Poppelbaum, W. Schad oder F. H. Julius, ebenso auch zur „organischen Stilkunde" Adolf Portmanns.

Überall in diesen Ansätzen wird deutlich, daß auch beim Tier die Sexualität nicht einfach nur Fortpflanzungsfunktion ist, sondern ein prägendes Stilmittel ihres Seins, ein jeweiliger Ausdruck des Mitgerissenseins in einem Schöpfungsprozeß, in dem oberhalb aller Fortpflanzungszwänge auch die reine und zweckfreie Liebe des Schöpfers noch erkennbar bleibt. Das Hirschgeweih ist da *mehr* als das „Produkt innerartlicher Selektion" beim Rivalenkampf der männlichen Tiere. Die exzessive Gestaltung der Genitalien und Geschlechtsmuster bei so vielen Insekten ist *mehr* als eine durch Auslese legitimierte „Bastardierungssperre". Geweihtragende Huftiere sind dann oberhalb jeder biologischen Notwendigkeit *auch* ein freier, künstlerischer Ausdruck der Würde des Männlichen innerhalb der kosmischen Polarität der Geschlechter. Die Insekten sind dann als die Hochzeiter unter den Tieren *auch* eine farbige und verschwenderisch-üppige Darstellung der Sexualität schlechthin, sie sind *auch* geflügelte Zeugen des Drangs der nachparadiesischen Schöpfung, Sexualität nicht ganz zum Mittel der Fortpflanzung werden zu lassen, sondern sie zu erhalten als farbiges Banner des liebenden Überflusses!

Die Betrachtung der *Pflanzen* mag uns schließlich noch deutlicher lehren, daß es nur des Aufgehens der Augen, nämlich einer neuen Einstellung unseres Bewußtseins, bedarf, um das scheinbar Verlorene und unbegreiflicherweise zu früh Verdämmernde der Sexualität in anderer Gestalt auch dort noch zu finden, wo wir es zunächst vermißten. In den Pflanzen tritt uns mit der Schönheit, dem Duft und der Farbenpracht der Blüten ein Reichtum entgegen, der uns als Wesensausdruck der *Liebe* vertraut ist und den wir daher hier wiedererkennen. Nur die Liebe schmückt sich, nicht der karge Zweck und nicht die Notwendigkeit biologischer Zwänge. So begegnet uns ein Abglanz Gottes, der die Liebe ist, in dieser Üppigkeit und „absurden Verschwendung", die alle Notwendigkeit der Fortpflanzung unbestreitbar übersteigt. Daß die pflanzliche Schönheit *auch* sexuelle Funktionen hat, wurde erst vor wenig mehr als zwei Jahrhunderten entdeckt. Aber dieser Zusammenhang verbleibt doch ganz im Bereich unserer Erkenntnis vom Primat der Liebe gegenüber der Fortpflanzungssexualität. Und wenn nun in den *Insekten,* und gerade in Schmetterlingen, Hautflüglern und Käfern, die doch alle die gleiche „skandalöse" Üppigkeit und absurde Verschwendung an Farbe und Form auszeichnet, die Partner eines geheimnisvoll aufeinander abgestimmten Geschlechtslebens erkannt wurden, bei dem beide, so verschiedenartig sie sind, sich gegenseitig „am Leben halten", so wird uns im Blick von oben klar, daß sich Liebe und Sexualität nicht nach unten hin ins Reich der Organismen verlieren, sondern dort nur in gewandelter, ätherischer Form wirksam sind.

Ein Schmetterling auf einer Blüte (sie ihn nährend, er sie bestäubend), wofür ist dieses Vergängliche ein Gleichnis? Nicht für die Notdurft der Sexualität, nicht für die Sicherstellung der genetischen Mischung, nicht für den Zwang der Auslese des Tüchtigsten. Nein, für alles dies nicht, denn es fehlt jede Notwendigkeit in diesem Verhältnis so ungleicher Partner, das auf Reichtum und nicht auf ärmlichen Zwang hinweist. So müssen wir, wenn die biologische Einsicht versagt, die theologische um so mutiger wagen: Diese „Hochzeit" in Schönheit, Duft und beschwingter Leichtigkeit ist eine innergeschöpfliche *Unio mystica,* in der sich das männlich-weibliche Urprinzip der Schöpfung oberhalb der Art- und Gattungsgrenzen in der umfassenden Weite zweier Naturreiche – Pflanze und Insekt – darstellt und feiert! Wir alle wissen genug vom verlorenen Paradies, um uns in einem tiefen Winkel unseres Herzens daran zu erinnern, daß die Liebe Gottes zu seiner Schöpfung, aber auch die Liebe der Geschöpfe untereinander sich in diesem duftig-leichten Bild spiegelt.

So können uns die geflügelten Blütenbesucher einen Hinweis geben, der für unsere Theologie der Sexualität von höchstem Wert ist. Liebe umfaßt weite Teile der Schöpfung, Sexualität ist nicht an Artgrenzen gebunden, sondern sie ist ein Merkmal der gesamten erschaffenen Welt des Lebens. Wir können die Liebe nicht groß genug, die Kraft der polaren Sexualität nicht mächtig genug ansetzen, wenn wir mehr verstehen wollen als ihre Funktion bei der Fortpflanzung des Lebendigen. Wir wollen zwar verstehen, warum sich das Lebendige fortpflanzt, noch mehr aber, was die *Liebe* – jenseits des Todes und der ihn kompensierenden Sexualität – in ihrer kosmischen Funktion als Abglanz göttlicher Wirklichkeit bedeutet.

Die Wiedervereinigung des Getrennten

Das Streben zum Ganzen

Die Kategorien des Geschlechts – das Männliche und das Weibliche – sind kosmische, nicht anthropologische Kategorien. N. Berdjajew

Die Liebe war uns im Blick von oben als primär und unmittelbar erschienen und hatte uns die Erschaffung des Menschen durch Gott, der die Liebe ist, an den Anfang jeder Erklärung gerückt. Aber wir müssen den Blick noch weiter nach oben richten und direkt auf Gottes Schöpfungsgeheimnis schauen, wenn wir nach dem *Sinn der Liebe* in der Wirklichkeit dieser Welt fragen. Die Theologie der Sexualität findet erst dann ihren obersten Ansatz- und Ausgangspunkt, wenn sie als Theologie der Liebe nach Gottes Schöpfungsplan und damit nach ihm selbst fragt. Wenn der Mensch in der androgynen Doppelgestalt des sexuell differenzierten Paares ihm zum „Bild und Gleichnis" erschaffen wurde, so muß das „Männlich-Weiblich" zum Geheimnis Gottes selbst gehören und sich in seiner gesamten Schöpfung wiederfinden. So sah es die christliche Gnosis, und so sah es auch jüdische Weisheit schon lange: „Man merke wohl: In dem gleichen Geheimnis wie Himmel und Erde wurde der Mensch geschaffen" (Sohar). *Im gleichen Geheimnis,* das kann hier nur heißen: Als Männliches und als Weibliches, als weltumspannende Pole eines sexuellen Kraftfeldes, wurde der ganze Kosmos erschaffen.

□ Die Kategorien des Geschlechtes als *kosmische Wirklichkeit,* als männlich *den* Himmel selbst, als weiblich *die* Erde selbst zu erkennen, erscheint uns als dichterische Freiheit des Menschen fern aller naturwissenschaftlichen

Objektivität. Aber könnte nicht der *objektive* Grund dafür, daß die Menschen aller Völker und Sprachen ihre sexuelle Polarität in den Kosmos – in Himmel und Erde, Sonne und Mond, Gewässer und Gesteine – hineinprojizieren, darin liegen, daß der die Geheimnisse der Schöpfung ahnende menschliche Geist damit eine Seite der kosmischen Wirklichkeit erfaßt und benennt? Lassen wir das Bild des den Menschen mit *seinem* Geist anhauchenden Schöpfers ernsthaft zu, so dürfen wir dem Adam, in dessen „Lehm" dieser Gottesodem wirksam ist, wohl zutrauen, daß er solcher Erkenntnis fähig ist – Erinnerungen an die göttliche Quelle seines eigenen Seins, so sah ja schon Platon jede Art des Erkennens.

Wir werden solche Erkenntnisse freilich nicht in der Naturwissenschaft erwarten dürfen, denn indem sie von der „Natur" handelt, fehlt ihr von vornherein die Höhe eines Standpunktes, für den auch Natur nur ein *Teil* der ganzen Wirklichkeit ist. So läßt sich nur in den Höhenflügen begeisterter dichterischer und seherischer Weltschau und in den Bildern des Mythos diese Sicht des Ganzen finden, in der die Schöpfungstat Gottes insgesamt als das Aus-sich-heraus-Gehen und Zur-Welt-Bringen seiner ureigensten Wesensteile erkannt wird. Zahlreich sind in der Tat die *Mythen,* in denen am Anfang eine Urteilung des einen in zwei männlich-weibliche Hälften geschildert wird: Im alten China ist es das Weltenei, das am Anfang die männlich-weiblichen Urprinzipien Yin und Yang aus sich gebiert; im alten Ägypten ist es das Urgewässer Nun, aus dem sich der Urhügel der Welt erhebt, in der Kosmologie von Heliopolis war Atum (der, der sich selber schuf) am Anfang der „Große Er-Sie", der in Selbstvereinigung mit seinem Schatten die Schar der männlichen und weiblichen Götter erzeugte. Auch die babylonische Kosmogonie kennt (im akkadischen Enuma elisch) am nicht weiter hinterfragbaren Anfang ein Urmeer Tiamat – dargestellt als Urmutter mit Männerbart! –, aus dem auf Umwegen Himmels- und Erdkreis (Anschar und Kischar) als die Ureltern aller späteren Götterpaare entstehen. In der ältesten griechischen Dichtung, in Hesiods Theogonie, wird ebenfalls noch hinter die Götter zurückgegriffen und an den Anfang das universale, alles Künftige noch ungeschieden in sich tragende Chaos gestellt, aus dem dann sowohl *die* Nacht und *der* Tag wie auch „*die* Erde mit ihrer breiten Brust" und Eros, „*der* schönste unter den todfreien Göttern" hervorgehen.

So ist der *biblische Schöpfungsbericht* vor dem Hintergrund eines weltweiten mythischen Wissens um die göttliche Ureinheit zu verstehen, die in einem ersten Schöpfungsakt in die Zweiheit männlicher und weiblicher Weltwirklichkeit zerfiel. Auch in der Genesis, und zwar in dem jüngeren der beiden biblischen Schöpfungsberichte, ist das Urmeer *Tiamat* der Babylonier als Urbild des vorgeschlechtlichen Anfangs (als „gähnende Leere des Chaos") noch wiedererkennbar: *Tehom* heißt hier die „Tiefe", über der (Gen. 1:3) Gottes Geist schwebte (eigentlich „brütete"), als er Himmel und Erde erschuf.

Alle diese kosmischen Mythen umkreisen in Bildern und Worten die unbegreifliche Wahrheit des Anfangs. Sie alle künden, daß Gott aus Liebe, die ursprünglich ungeschieden wie in unergründlicher Meerestiefe in ihm selbst gegenwärtig war, die Welt erschaffen hat als eine *Mit-Teilung* seiner selbst, daß er sich „auseinandergesetzt" hat, um den Spannungsbogen zu errichten, in dem sich nun seine Liebeskräfte (die Mythen der Alten nennen es: die „Götter") entfalten können. Dabei aber – dies ist das tiefe Wissen aller Gnosis – entäußert er sich so weit, daß ihm der äußerste Saum seiner eigenen Schöpfung scheinbar verlorengeht, indem das Licht zu allen hellen Dingen auch die Finsternis gebiert, in der es leuchtet auch auf die Gefahr hin, nicht „begriffen" zu werden.

Der geniale Dichter Nikolaus Lenau hat dieses kosmische Geheimnis in seiner Faustdichtung als eine große, ahnungstiefe Frage angesprochen: „Ist diese Welt dadurch entstanden, daß Gott sich selber kam abhanden – ist Göttliches vom Gotte abgefallen, um wieder gottwärts heim zu wallen?"

Wir werden in den Bereich der Dichtung geführt, denn hier webt wie im Mythos das Wissen um Zusammenhänge, die nur in Bildern zu verdeutlichen sind. Vor allem ein Dichterwort *Goethes* soll uns den gleichen Gedanken der kosmischen Zweigeschlechtlichkeit der gesamten Schöpfung und ihr Herausbrechen aus einem sich mitteilenden Gott noch einmal deutlich machen. Dabei ist uns wohl klar, daß solche Dichterworte keine Beweise im naturwissenschaftlichen Sinn sein können, auch keinesfalls sein wollen. Aber in einer Epoche der kritischen Selbstbesinnung der Naturwissenschaft auf die Beschränktheit ihrer „Beweise" muß es erlaubt sein, der Wahrheit dort nachzuspüren, wo sie zu finden ist, auch weit außerhalb und oberhalb der Ebene wissenschaftlicher Plausibilität. Im Goetheschen Gedicht „Wiederfinden" (aus dem Westöstlichen Diwan) wird uns eine solche Einsicht vom hohen Aussichtsplatz des Weltweisen und Dichters geschenkt. Dort heißt die zweite Strophe:

Als die Welt im tiefsten Grunde
lag an Gottes ewger Brust,
ordnet er die erste Stunde
mit erhabner Schöpfungslust.
Und er sprach das Wort „Es werde!",
da erklang ein schmerzlich Ach!,
als das All mit Machtgebärde
in die Wirklichkeiten brach.

Goethes Ahnen greift hier noch hinter den ersten Schöpfungstag zurück und führt uns in die *erste Stunde* von Gottes Wirken. Und in die *Wirklichkeiten* (ins selbständige Sein außerhalb Gottes) *brach* in dieser dichterischen Sicht das All.

Schöpfung ist auch ein Zerbrechen ursprünglicher Einheit in die Vielfalt. Entstehung der Welt heißt auch: In die Spannung von Bruchstücken einer solchen ehemaligen Einheit gestellt zu werden. Aber in dieser Bruchstückhaftigkeit hat das Sein der Schöpfungsteile nun doch auch oberhalb ihres Selbstzwecks eine Bestimmung, für die dem Dichter die *Morgenröte* – als Vermittlerin von Tag und Nacht – zur Mahnerin wird: Sie läßt das ganze All erwachen aus dem Schöpfungsschlaf:

Und mit eiligem Bestreben
sucht sich, was sich angehört,
und zu ungemeßnem Leben
ist Gefühl und Blick gekehrt.
Sei's Ergreifen, sei es Raffen,
wenn es sich nur faßt und hält!
Allah braucht nicht mehr zu schaffen,
wir erschaffen seine Welt.

Vor unseren Augen entfaltet sich in dieser Strophe das Gewimmel der zueinandergehörenden Bruchstücke. Zu *ungemeßnem Leben,* zur ganzen Fülle der sich fortpflanzenden Organismen, zur ganzen Zeugungskraft der Geschlechter ordnet sich dieses *eilige Bestreben.* Und in „derber Liebeslust" (so hat es Goethe im „Faust" einmal von seiner eigenen Seele bekannt) halten und fassen sich das Männliche und das dazugehörige Weibliche: Seele und Leben, Himmel und Erde, Licht und Finsternis, das Männlich-Weibliche in allen seinen kosmischen Ausprägungen. Der Zeugungsakt Gottes setzt sich in der Geschöpflichkeit der Schöpfung fort, der göttliche Befehl des „Seid fruchtbar und mehret euch!" erfaßt alles Lebendige, so daß der liebestrunkene Hafis sich in seligem Jubel zum Sprecher aller Geschöpfe macht: *Wir erschaffen seine Welt!*

Vor allem aber – dafür wird das liebende Paar Hafis und Suleika ein vergängliches Gleichnis unvergänglicher Wahrheit – ist in der Geschlechtsliebe des *Menschen,* im liebenden Paar als Gottes Ebenbild, dieses „eilige Bestreben“, dieser selige Schaffensrausch wirksam, zu dem die Morgenröte das ganze All aufruft:

So, mit morgenroten Flügeln,
riß es mich an deinen Mund,
und die Nacht mit tausend Siegeln
kräftigt sternenhell den Bund.
Beide sind wir auf der Erde
musterhaft in Freud und Qual,
und ein zweites Wort: Es werde!
trennt uns nicht zum zweiten Mal.

In der Liebe von Mann und Frau (hier stellvertretend für alle in seiner eigenen Liebe zu Marianne von Willemer) erkennt Goethe *musterhaft* die Bestimmung der gesamten Schöpfung, die durch Gottes *Es werde!* in ihre *Wirklichkeiten brach.* Diese Teile, die männlichen und die weiblichen Bruchstücke des ehemals Ganzen, sind in der Welt, „um wieder gottwärts heim zu wallen“ (so hatte es Lenau gesagt). Und da sie nicht nur *in* der Welt, sondern eigentlich *die Welt selbst* sind, ist es die „kosmische Drift“ schlechthin, die alles Sein zur Wiedervereinigung mit Gott, zur Einheit im „Punkt Omega“ des P. Teilhard de Chardin, treibt.

Die *Liebe,* so haben wir in diesem vom Gedankenflug der Dichter und den Bildern der Mythen begleiteten kühnen Blick von oben erkannt, ist das Streben der Teile zum Ganzen. Sie will (so sagte es der evangelische Theologe Paul Tillich) *Wiedervereinigung des Getrennten,* und daher wird das liebende menschliche Paar zum Gleichnis für alles Streben der Kreatur nach Vollkommenheit in der Heimkehr zu Gott.

□ Nun erst, da wir die Liebe als kosmische Kraft des Strebens nach Wiedervereinigung erkannt haben, sind wir in der Lage, den Menschen als die Mitte der Schöpfung und als den „Schlüssel zum Kosmos" (Teilhard de Chardin) in seiner vollen Bedeutung zu verstehen. Der biblische Text gibt uns dazu im älteren, jahwistischen Schöpfungsbericht eine klare Anleitung, denn er weiß nicht nur von der Erschaffung Adams, sondern auch von der *Einsetzung der Liebe.* Mit anderen Worten: Das gewaltige Geschehen des in die Wirklichkeiten zerbrechenden Kosmos wird in thematischer Zuspitzung als die Geschichte von der Erschaffung des Weibes *aus* dem Mann, also im Gleichnis einer von Gott selbst durchgeführten Teilung, dargestellt.

Was die Priesterschrift als offene Frage beließ, ob nämlich Gott selbst als ein androgynes Urbild zu einem männlich-weiblichen Ebenbild aufzufassen sei, wird in der *Paradieserzählung* des Jahwisten noch drängender zum Problem. Denn nicht in einem kurzen Satz (. . . schuf er *ihn,* männlich und weiblich schuf er *sie),* sondern in zwei deutlich getrennten Etappen vollzieht sich hier der Weg vom einfachen zum zweifachen Menschen. Dieser *Adam* aus feinstem Staub vom roten Ackerlehm und aus Gottes Atem ist ganz offensichtlich zunächst nur *einer* und gleicht Gott auch in der sexuellen Ungeschiedenheit, ist gewissermaßen ein Abbild des ägyptischen „Großen Er-Sie".

Daß es in diesem Stadium das Weibliche des Menschen noch nicht gab, wäre ein voreiliger Schluß und würde dem Bild des Adam im zweiten Kapitel der Genesis nicht voll gerecht. Die Frau ist vom Mann noch nicht getrennt, sie ist in der einen Person „Adam" (Erdling) noch mit enthalten – nur *soviel* können wir hier dem Text entnehmen. Tatsächlich findet sich die Vorstellung vom *androgynen Urmenschen,* die ja auch Platon in aller Deutlichkeit berichtet, nach der Renaissance

(Leone Ebreo) vor allem beim frommen Seher Jakob Böhme. Für ihn war Adam „Mann und Weib vor seiner Heva: er hatte die Feur- und Wasser-Tinctur, das ist Seel und Geist, und solte seines gleichen ein Bild nach ihme, aus ihme durch seine Imagination und eigene Liebe aus sich gebären, das konnt er auch tuhn ohne Zerreißung". In der mystischen Tradition nach Böhme finden wir die gleiche Überzeugung vom androgynen Adam vor allem von E. Swedenborg, Fr. von Baader und den russischen Religionsphilosophen Solojew und Berdjajew an bis in unsere Zeit hinein lebendig.

Dies bedeutet, da wir das ungebrochene, androgyne Sein als den Zustand Gottes *vor* der Erschaffung der Welt erkannt hatten, daß auch der androgyne Adam im strengen Sinne paradiesisch zu denken ist, also als reines Sein in Gott *vor* dem Fall in die Welt. So hatte ihn Jakob Böhme ja ausdrücklich als vorsexuell, als geistig aus sich selbst fruchtend beschrieben: „Ohne Zerreißung" sollte er dort eigentlich seine Ebenbilder durch „Imagination und eigene Liebe aus sich gebären"!

Was ist geschehen mit diesem geistmächtigen, androgynen Adam, daß er zum sexuellen Doppelwesen, zu Adam und Eva, wurde? Der Sündenfall, den wir gewöhnlich meinen, setzt beider Existenz bereits voraus. Also mußte schon der ungeteilte Adam aus der ursprünglichen Heilsordnung ausgebrochen sein, woraufhin er *dann erst* in seine Wesensteile zerbrochen wurde. So spricht J. Böhme tatsächlich von einem *ersten* Fall, ja von einem innerseelischen „Ehebruch" Adams, bei dem er, in dem die „männliche Feuerseele mit dem Lichtleib der himmlischen Jungfrau Sophia vermählt war", sich „am Reiche Gottes müde und blind" der Begierde nach „eitler Selbheit" ergab. Wenn diese dichte mystische Fassung uns schwer verständlich ist, so wird ein anderer *Mißklang* als Störung ursprünglicher Einheit dafür im Bibeltext selbst um so deutlicher. Adam lehnte ab, was Gott ihm als „Gehilfen“ aus dem Reiche der Mitgeschöpfe zuführte: „... *aber für einen Menschen fand er keine Hilfe, die ihm entsprach*“ (Gen. 2:20b).

Nun erst beginnt – lange nach Adams Erschaffung als Ebenbild, als Folge eines paradiesischen Mißklangs zwischen Schöpfer und Geschöpf – der Teil der Erschaffung des Menschen, von dem die Priesterschrift mit „männlich und weiblich schuf er *sie*“ berichtet. Nun erst vollzieht sich die Erschaffung von Weltwirklichkeit, die ja, wie wir sahen, eben im Auseinanderbrechen von Männlichem und Weiblichem besteht. Gott handelt, während der ursprünglich so mächtig mithandelnde Adam in einen Tiefschlaf versetzt wird, der ihn von jeder Mittäterschaft, ja sogar von jedem Mitwissen ausschließt, bis er beim Erwachen mit einem „schmerzlich Ach!“ erkennen wird, was geschehen ist. Gott nimmt *aus ihm* einen Teil (die „Rippe“ ist späte Übersetzertradition, von der der Urtext nichts weiß), er zerbricht die Ganzheit Adams, so wie ein geöffneter, um eine Rippe verminderter Brustkorb unheil ist und Unheil bedeutet, und setzt damit die Wesensteile Adams, die im heilen Zustand beieinander waren, auseinander. Adam muß erleiden, daß er – aber diesmal *mit* „Zerreißung“ seiner Ganzheit – ein Abbild seiner selbst gebiert, das ihn zur Halbheit herabsetzt und ihm zugleich als Halbheit entgegentritt. Doch dies alles begreift Adam jetzt noch nicht (die Augen werden ihm erst später im Sündenfall völlig aufgehen), sondern sieht nur jubelnd, daß er nun sein „Gegenüber“ erhalten hat, wie er es wünschte: „Gebein von meinem Gebein und Fleisch von meinem Fleisch“ (Gen. 2:23).

Es ist von höchster Wichtigkeit, daß wir begreifen: Diese durch Gott aus Adam herausgesetzte Hälfte, diese – endlich! – richtige Gehilfin, macht nun zwar aus dem einfachen einen zweifachen Menschen, aus dem „Er-Sie“ einen Er und eine Sie, aber es ist die Zweigeschlechtlichkeit der allgemeinen kosmischen Polarität, die damit Wirklichkeit geworden ist, *noch nicht* die Fortpflanzungssexualität!

Der Befehl „Seid fruchtbar und mehret euch!" gilt diesem Urpaar noch *nicht:* Adam (der nun halbe, männliche Mensch) nennt als *Mann* (isch) seine Gefährtin (den nun halben, weiblichen Menschen) *„Männin"* (ischscha). Mit diesem hebräischen Wortspiel, das Luther mit „Männin" so großartig trifft, wird deutlich gemacht, was hier im Paradies vor dem Sündenfall der Bezug des Mann-Menschen zum Weib-Menschen ist: Sie sind *zugeordnete Partner* in der geschöpflichen Liebe, so wie der Himmel der Erde, die Sonne dem Mond zugeordnete Schöpfungsteile und daher füreinander bestimmte „Gehilfen" sind.

Nach diesem (paradiesischen) Zerbrechen Adams in seine Teile, deren Ebenbildlichkeit nun nur noch im Miteinander erkennbar sein wird, folgt im jahwistischen Schöpfungsbericht ein entscheidendes Gotteswort, das für unsere Theologie der Sexualität vielleicht das wichtigste und aufschlußreichste überhaupt ist, weil es – noch im Paradies! – die *Einsetzung der Liebe* in den Heilsplan Gottes belegt: „Darum wird einer Vater und Mutter verlassen und an seinem Weibe hängen, *und sie werden ein Fleisch sein"* (Gen. 2:24).

Die Wiedervereinigung des Getrennten – hier wird sie am Menschenpaar als dem zentralen Stück der Schöpfung (nämlich an der Gott ähnlichen Kreatur) eindeutig zum Marschbefehl für die Schöpfung insgesamt. Was von Gott „in Wirklichkeiten" geteilt wurde, was aus einem Fleisch (nämlich aus dem durchgeistigten Lehm des einen Ur-Adam) von Gott in Mann und Männin auseinandergebrochen worden war, weil es Adam, so sagt uns der Text, nicht anders wollte, das soll nun *wieder zu einem Fleisch* werden. Wie in Platons Mythos vom Urmenschen, so auch in diesem Bild: Die

Teile sehnen sich nacheinander, ihre Liebe zueinander meint die Wiedervereinigung. Im Heilwerden des ursprünglich einen Menschen als liebendes Menschenpaar gelingt es, „wieder gottwärts heim zu wallen" zur Wiedervereinigung mit Gott. Die Schrift sagt: Dies alles sollte noch im Paradies selbst geschehen, denn dort wächst ja der „Baum des Lebens", durch dessen Frucht die Menschen nach Gottes Wort würden „wie einer von uns". Dieser Baum des Lebens, Inbegriff der Seligkeit und des ewigen Lebens in Gott, war doch mit Gewißheit wie der ganze Garten Eden für Adam gepflanzt worden, für niemand anderen als ihn!

□ Daß es anders kam, ist im Bericht vom *Sündenfall* erzählt. Wir können hier wieder anknüpfen an der Stelle der Betrachtung, die wir im vorigen Kapitel erreichten: Als im offenen Ungehorsam gegenüber Gott das Paradies verlorenging (und mit ihm die Frucht vom Baum des Lebens), kam der *Tod* in die Schöpfung, der nun durch den göttlichen Fruchtbarkeitssegen kompensiert werden muß. Von nun an ist *Fortpflanzung* die der Sexualität zugewiesene Aufgabe, von nun an gibt es neben der Theologie eine Biologie der Sexualität. Jetzt erst sind wir auf unserem Weg „von oben" wieder beim Menschen angelangt, wie er als biologisches, sexuelles Wesen unsere Existenzform ausmacht. Und jetzt ist auch für den weiteren Abstieg unseres Gedankenganges zu den Tieren der Weg geebnet. Denn was immer sich als kosmisches Geheimnis hinter der Formel verbirgt, daß im Sündenfall des Menschen die Tiere mitgerissen wurden, die salomonische Weisheit des „Mensch und Tier, sie haben das gleiche Geschick" (Pred. 3:19) meint das gemeinsame Geworfensein in die Zwänge des Fleisches, in Geburt und Tod und in Lust und Leid der Fortpflanzungssexualität, die im Tier noch deutlicher als im Menschen zum beherrschenden Antrieb wird, dem sich das Leben des einzelnen unterordnen muß.

War schon für Platon klar, daß der Mensch das Urwesen ist und daß die *Tiere* gewissermaßen aus einem Verfall des Menschlichen entstünden, so können wir mit dem Blick auf die Sexualität die Richtung dieses Falls und Verfalls erkennen, der eine Fortsetzung des menschlichen Urfalls ist. Denn im Menschen ist die paradiesische Urspannung der Geschlechter, die unschuldige Sexualität der liebenden Zuwendung zur Wiedervereinigung der Schöpfungsteile, auch nach dem Fall noch als Möglichkeit vorhanden, nur ist ihm nun *zusätzlich* auch die andere, genitale Form der Sexualität auferlegt, die ihn „nackt" macht und die er schamhaft verbirgt. Im Tier aber sehen wir keine Spannungen von Schuld und Scham, hier ist Sexualität einfach, hat *immer* mit Fortpflanzung zu tun, steht immer im Auftrag der Fruchtbarkeit und im Kampf gegen den Tod der Art. Hier ist sie also scheinbar ganz herausgenommen aus dem ursprünglichen, paradiesischen Wiedervereinigungsstreben geschöpflicher Liebe.

Daß hier im Verlauf der Evolution (immer im Blick von oben gesehen) tatsächlich ein sich nach unten steigernder Prozeß der Machtübernahme der genitalen Sexualität vorliegt, haben K. H. Kielmeyer und Fr. W. Schelling schon vor zwei Jahrhunderten (also lange vor der Etablierung der modernen Evolutionstheorie) erkannt, als sie über den auffallenden *Abstieg* der männlichen Keimdrüsen im Tierkörper (Descensus testiculorum) nachdachten.

Polar einander abstoßend, drängen der Kopfpol (der „Individuationspol" mit dem Gehirn als zentralem Organ) und der „Generationspol" (mit den Keimdrüsen) auseinander, so daß die Hoden beim Menschen und bei den höheren, ihm anatomisch nahestehenden Säugetieren gewissermaßen nach hinten und unten aus dem

Körper hinausgetrieben werden und in einer äußeren Hautfalte liegen. Welche Kraft, welcher Spannungszustand drängt diese beiden Pole so extrem auseinander und gefährdet dabei den für den Fortbestand der Art wichtigsten Pol sogar durch exponierte Lage, die im Kampf ums Dasein unmöglich nach Gründen der Zweckmäßigkeit ausgelesen worden sein kann?

Die darwinistische „Erklärung", daß nur in dieser exponierten Lage der männlichen Keimdrüsen die für die Spermien lebenswichtige erniedrigte Temperatur gewahrt werden kann, verwechselt Ursache und Wirkung und hilft daher nicht weiter. Es muß bei der rein anatomischen Beschreibung bleiben, daß bei den höchsten Tierformen die Zentren der Selbsterhaltung und der Arterhaltung in extreme Positionen auseinandergerückt sind, obwohl eine Zweckmäßigkeit dieses Abstiegs im evolutionistischen Sinn nicht aufzufinden ist. Doch finden wir den Ansatz einer existentiellen Antwort, wenn wir die Situation im weiteren Abwärtsverlauf der Tierreihe verfolgen. Bei niederen Säugern, Reptilien und Amphibien nähern sich die beiden Organsysteme (d. h., die Keimdrüsen rücken in die Körpermitte), und bei niedrigsten Stufen der Wirbeltiere und anderen Tierstämmen verliert sich schließlich jede klare Polarisierung von individuellen und sexuellen Organfunktionen. Je tiefer wir ins Tierreich hinabsteigen, um so mehr wird also die Fortpflanzungssexualität zur anatomisch zentralen Funktion und um so geringer wird gleichzeitig die Individualität. Die niederen Tiere sind ausschließlich Fortpflanzungsorganisationen, bei den höheren ist in unterschiedlichem Umfang auch ein eigenes, individuelles Sein und Sichgestalten außerhalb der Sexualität am Werk.

Wir können den gleichen Sachverhalt im Sinne unserer Theologie der Sexualität auch anders ausdrücken: Je tiefer hinab ins Tierreich wir blicken, je weiter weg vom

Menschen, um so *gehorsamer* und ausschließlicher vollziehen die Lebewesen mit ihrem gesamten Sein den Befehl des Fruchtbarkeitssegens. Das heißt aber zugleich: Um so ausschließlicher und direkter wird der sexuelle Drang zur Vereinigung sich in ihrer Organisation und ihrem Verhalten ausdrücken. Zwar können wir diesen Drang nicht „Liebe" nennen, sondern finden eher die „Apfelsäure" (gemeint ist: die Gesamtheit der physiologischen Reaktionszwänge) am Werk. Aber wenn wir nach dem Sinn der Sexualität fragen, so wird uns auch der Zwang zur Erfüllung physiologischer Gesetze, ja gerade die absolute Unterordnung des Einzelschicksals unter solche zur Paarung führenden Gesetze noch bei den niedersten Tieren zu einem Gleichnis werden für den Drang einer in ihre Teile zerbrochenen und aus dem Urstand gefallenen Schöpfung nach Wiedervereinigung des Getrennten.

An dieser Stelle kann uns – überraschend genug – Sigmund Freud zum Kronzeugen werden. In seinem Essay „Jenseits des Lustprinzips" (1920) macht er den Versuch, als letzte aller Fragen auch die Sexualität selbst zu „hinterfragen". Sie erschien ihm (im Gegensatz zu allen anderen, den „Todestrieben") als einziger wirklicher „Lebenstrieb", da allein sie nicht das Nicht-Sein, sondern die Fortsetzung des Seins anstrebt. Wenn nun aber – dies ist seine durchgehende Meinung – alle Triebe letztlich „den vorhergehenden Zustand wiederherstellen wollen", so muß überall im Tierreich, ja schon bei den Einzellern, in dem sexuellen Streben der Geschlechter nach Vereinigung dieser Drang nach *Wiederherstellung* wirksam sein. Zwar sträuben sich dem alten Meister bei diesem Gedanken sichtbar die Haare – er nennt ihn eine „Hypothese phantastischer Art" und möchte sich lieber der „nüchternen Darwinschen Denkungsart" zuwenden –, aber er ist doch nicht in der Lage, die bei solcher „Nüchternheit" zu vollziehende, schier irrsinnige Annahme ernst zu nehmen, Sexualität habe sich aus einem zufälligen Ungleichgewicht bei Stoffwechselvorgängen und den daraus resultierenden günstigen Effekten des gegenseitigen Austausches von Chromosomen bei Einzellern von selbst ergeben. Solcher Zufalls-Darwinismus ist tatsächlich eine Zumutung an den Geist und im letzten Sinn unwissenschaftlich; Freud sieht sich nicht in der Lage, ihn mitzumachen.

Aber niemand soll dem tapferen Denker Freud nachsagen, er habe alles zum Symbol der Sexualität gemacht und dabei vergessen zu fragen, wofür denn die Sexualität selbst ein Symbol sei. Hier stellt er genau diese Frage nach dem vielleicht tiefsten Geheimnis der Biologie und weicht den Konsequenzen nicht aus, die sich als „phantastische" (aber doch einzig denkbare) Hypothese anbieten: *Wiedervereinigungsstreben* muß hinter aller Sexualität stecken, schreibt er, und sieht sich gezwungen, „die Annahme zu wagen, daß die lebende Substanz bei ihrer Belebung in kleine Partikel zerrisse, wurde, die seither durch die Sexualtriebe ihre Wiedervereinigung anstreben".

Was Freud hier von der lebenden Substanz *bei ihrer Belebung* vermutet, deckt sich also völlig mit dem, was wir – freilich in anderer Terminologie – mit der Erschaffung der Zweigeschlechtlichkeit des Kosmos und der Lebewesen erkannt hatten: *Liebe* und als ihr Gleichnis im Fleisch nach dem kosmischen Sündenfall auch die *Sexualität* dienen der Wiedervereinigung des Getrennten. Natürlich weiß Freud als guter Humanist auch gleich den platonischen Mythos vom in seine Teile zertrennten und nach Wiedervereinigung drängenden Urmenschen anzuführen und setzt daneben die Geschichte aus den indischen Veden, wo Atman (das Selbst oder das Ich) „keine Freude hatte", weil er allein war, und darum in zwei Teile zerfällt, in Mann und Frau: „Darum ist dieser Leib an dem Selbst gleichsam eine

Halbscheid ... darum wird dieser leere Raum hier durch das Weib gefüllt."

Schließlich weist Freud auch auf die babylonischen Vorstellungen hin, um die mythologische Allgegenwart der Erfahrung der Wiedervereinigung des Getrennten zu zeigen. Aber welche grandiose Verdrängung unterläuft dem Meister dabei, denn den wichtigsten Hinweis vergißt er, den aus der Bibel und aus der Thora zugleich: die Frau aus der Rippe Adams, der auch keine Freude hatte, weil er allein war, ja von dem Gott selbst befunden hatte, daß es nicht gut sei, wenn er allein wäre.

So zeigt also auch der Blick von unten, wie ihn Freud aus dem biologischen Schwung der Evolution heraus nach oben richtet, was uns von dort her bereits als der Sinn der Liebe erschienen war: das Streben der von Gott getrennten Teile nach ihrer Wiedervereinigung, in der sie zugleich *ganz* und *heil* werden. Denn die Begegnung mit dem Ursprung des Seins, mit Gott, ist zugleich die Wiederherstellung des vorhergehenden, nämlich vor dem Aufbruch der Schöpfung liegenden, Zustands des völligen Geborgenseins in Gottes Schoß. Dieses Streben ist in großen Teilen der Wirklichkeit vermutlich ohne Bewußtsein seines Zieles, aber im *Menschen* als dem zentralen und Gott nächsten Wesen wird mit dem sich entwickelnden Bewußtsein seiner selbst auch das Drängen des Naturtriebes durch die Vernunft (den „Schein des Himmelslichts") erhellt und aus der Dumpfheit des nur passiven Getriebenwerdens zur Klarheit der liebenden Erkenntnis geführt. So kann der ahnungstiefe Satz Sir Julian Huxleys, daß „die Evolution" sich im Menschen ihrer selbst bewußt wird, ausgedehnt werden zu einer viel umfassenderen Aussage, die von Schellings Philosophie her vertraut ist: Im Geist des Menschen wird die Natur sich ihrer selbst bewußt.

Sagen wir es noch deutlicher, indem wir die „Natur" als die Gesamtheit der in Wirklichkeiten zerbrochenen Schöpfung nehmen; im Menschen wird die *Liebe* sich ihrer selbst bewußt und damit zur Anschauung Gottes fähig.

Das Geben und das Nehmen

Die Magie des Fleisches

> Ist schon der ganze Lebensprozeß jenseits seiner Mechanisierung durch den Verstand in uns ein magischer Prozeß, so ist die Liebe, der Höhepunkt der Lebensdynamik überhaupt, das Magische an sich.
>
> O. Ebertz (1929)

Für eine Theologie der Sexualität entsteht die Aufgabe, zu verstehen, wie sich das Wiedervereinigungsstreben der sexuellen Pole im Feld des erwachenden menschlichen Bewußtseins – im Zuge der Menschwerdung des einzelnen und der Kulturen – aus der Passivität eines natürlichen Getriebenseins löst und in den Lichtschein des aktiven Erlebens tritt.

Die Frage, was Sexualität und Liebe ihrem Wesen nach sind, wird hier zu der, *wie Liebe und Sexualität vom Menschen erfahren werden.* Wirklichkeit für unsere menschliche Vernunft ist das, was wirkt, und daher darf über jeder Frage nach dem „An sich" die wirkungsvolle Wahrheit des „Für uns" stehen. Ein ängstliches Beharren auf „Objektivität", wie es die Naturwissenschaft zur Absicherung ihrer Ergebnisse fordern muß, können wir uns hierbei nicht leisten und haben wir auch nicht nötig, wo es um so entschieden mehr als Natur geht, nämlich um das Bewußtwerden und Erleben des Schöpfungsgeheimnisses im zentralen, von Gott nach seinem Bild geschaffenen Geschöpf. Dieses menschliche Bewußtsein entwickelt sich schrittweise, und jeder dieser Schritte führt auf seinem Weg weiter aus der animalisch geborgenen Fraglosigkeit des Seins – für das die Schwangerschaft ein besseres Gleichnis ist als die Herkunft aus dem Tierreich – in die Ungeborgenheit und Ausgesetztheit des Werdens, wie es unser Schicksal ist als sexuelle Wesen in je einer von zwei aufeinander zugeordneten Weisen des Lebens und Erlebens.

Die eigene *Geburt* als Folge der Vereinigung zweier getrennter elterlicher Vorfahren ist das grundlegende und zugleich größte aller Wunder unseres eigenen Lebens. Daß nach einem jenseits unserer Reichweite liegenden und auch in tieferem Sinne „jenseitigen" Akt des Ein-Fleisch-Werdens zweier Menschen sich in der verborgenen Leibestiefe des einen von ihnen das Mysterium einer Menschwerdung vollzog, offenbart sich im Vorgang der Geburt, bei dem mit Blut und Schmerz, aber auch mit tiefer „Schöpfungslust" aus einem Fleisch *zwei* werden. Eine Schwangere bricht in zwei „Wirklichkeiten", nämlich in die der Mutter und in die des Kindes.

Nicht der Tod, sondern das Ein-Fleisch-Werden der sexuellen Vereinigung ist der Gegenpol dieses Zwei-Fleisch-Werdens der Geburt, wie es sich in der todfreien Zone des niedersten Lebens noch deutlich zeigt: Zellteilung und Zellverschmelzung sind dort die Etappen des Lebens, der Tod nur ein störender Unfall. Zwischen der sexuellen Einbergung und der Entbergung der Geburt spannt sich bei Tier und Mensch – bewußt aber allein bei uns – der Bogen, innerhalb dessen sich das Im-Fleisch-Sein unserer Existenz vollzieht. Dieser Spannungsbogen der Wirklichkeit des Fleisches schafft ein *magisches* Kraftfeld, denn es wird erfahren als machtvoll dem eigenen Willen übergeordnet, so daß jeder neue Mensch, der es betritt, ihm zunächst ausgeliefert ist. Diese Erfahrung macht jeder einzelne in seinem Leben, so wie sie zugleich die Kulturentwicklung der Völker prägt und trägt. Man wird daher die beiden Aspekte der erfahrenen sexuellen Wirklichkeit gesondert betrachten müssen.

□ Der *Säugling* erlebt die Wirklichkeit dieser Welt unmittelbar in der Zweiheit des Fleisches, aus der heraus und in die hinein er geboren wurde: Sein eigener Leib und der seiner Mutter sind in der betreuenden Fortsetzung der Schwangerschaft (im „extrauterinen Frühjahr" Portmanns) durchaus noch in engem Kontakt. Wärme, Geborgenheit und Nahrung sind für den Menschen am Lebensbeginn nur so zu erwerben. Und er lernt bereits „mit der Muttermilch" (wie unsere Sprache so richtig weiß), daß in der bergenden, wärmenden und nährenden Einheit seines Fleisches mit dem der Mutter die Zufriedenheit und paradiesische Vollkommenheit der „Stillung" aller Bedürfnisse liegt. Er erfährt gleichzeitig, daß dieses Glück nicht (nicht mehr!) selbstverständlich ist, sondern verlorengehen kann durch Trennung und Ab-Teilung und daß nur sein hilfloses Schreien als Signal der Unlust und Verlorenheit – mehr eine Beschwörung als ein direkt wirkender Willensakt – die Einheit wiederherstellen kann.

Dabei ist die unmittelbare Erfahrung des Fleisches nur im direkten Hautkontakt möglich. Dies gilt für den Körper der Mutter wie für den eigenen, beide werden so als unmittelbare Quelle von Lust und Schmerz erfahren, und zwar vom Säugling zunächst vor allem in der Berührung, zu der später die Sehkraft des Auges und die Unterscheidungskraft des Verstandes hinzutreten. Die Zoologie steht der Erscheinung der menschlichen *Nacktheit* (wie so vielen anderen echt humanen Wesenszügen) recht hilflos gegenüber: Wo mag im „Verlust" des schützenden und wärmenden Fells eine Zweckmäßigkeit liegen? Doch kann uns die allein dadurch mögliche Innigkeit des Hautkontakts zwischen Wärme spendendem mütterlichen Leib und wärmebedürftigem Säuglingsleib einen ersten Hinweis auf den Hintergrund dieses unseres scheinbaren zoologischen „Mangels" geben.

Wer als Urerlebnis der eigenen Existenz noch außerhalb und *vor* jeder Sexualität den Hautkontakt mit der

Mutter als Grundbedingung der Bergung und des Glücks mit Mund und Händen tastend erfuhr, der wird auch später, wenn sein Verstand erwacht ist und er sich bemüht, wünschenswerte Zustände durch eigenen Willen herzustellen, Nacktheit als einen „paradiesischen" Zustand verstehen und in Anblick und Berührung dort anstreben, wo er Liebe und Geborgenheit nehmen und geben will. Und wer schon als Kleinkind (in einer anthropologisch normalen Stillzeit von weit mehr als einem Jahr) darauf geprägt wurde, die für ihn ihre Brust entblößende Mutter als Inbegriff der Zuwendung und der Verheißung von Glück zu empfinden, der wird zeitlebens im unverhüllten, weichen Frauenleib ein tiefes Symbol der Schönheit selbst erblicken. So reflektiert die Kunst unsere menschliche Urerfahrung mit der Magie des Fleisches und wird von jedem verstanden, weil sie Erinnerungen weckt, die in jedem von uns bereitliegen.

Nicht im Wissen, sondern in den viel älteren und tieferen Schichten der ersten lust- und leidvollen Erfahrungen von Welt am mütterlichen Leib liegen die Wurzeln unserer Existenz als sexuelle Wesen. Wer nach den Wurzeln fragt, wird daher wie Faust *zu den „Müttern"* herabsteigen müssen. Und dies gilt für Mann und Frau gleichermaßen, so daß in dieser Urschicht menschlichen Seins für uns alle das Weibliche ins Zentrum der Magie des Fleisches gerückt ist.

Was in dieser so entscheidenden Zeit der ersten magischen Erfahrungen des Säuglings (für die eine mehr als einjährige ungestörte Mutter-Kind-Einheit die Voraussetzung ist) und was auch in den folgenden Phasen der Entwicklung des kindlichen Bewußtseins heute durch mutwilligen Eingriff und durch technisierte Abtrennung und Ersatzbefriedigung an der neuen Generation *gesündigt* wird, sei hier nur am Rande bemerkt. Das Kind, dem infolge künstlicher Ersatzbetreuung und permanenter Mutterferne die magischen Urerfahrungen mit ihr verwehrt sind, wird im innersten Seelenkern „ungestillt" und hungrig bleiben, selbst wenn Ernährung und Betreuung technisch vollkommen gewährleistet sind. Das Kind wird einen innerseelischen Mangel zeigen oder mit äußerster Mühe zu verbergen haben, der es später als Erwachsenen an die in der Kindheit ausgesparten Bezirke bannt und zum seelisch ungestillt Suchenden und schließlich zum Liebesunfähigen macht. Es wird sich in „Sex" und anderen Drogen um berauschenden Trost bemühen, weil es ungeschützt in den Bann einer dunklen Magie des Fleisches gerät, gegen die es durch Mangel an heller Magie der mütterlichen Liebe nicht ausreichend gewappnet war.

Aus dem Schutzwall der bergenden Mutter-Kind-Einheit, aus dem vollkommenen magischen Kreis, tritt der Mensch als *Kleinkind* heraus, ja er sprengt ihn aktiv im Trotzalter. Denn als Wachsendem wird ihm die bergende Hülle, die nicht mit ihm wächst, zum Gefängnis. Der eigene Wille erwacht, und das eigene Wissen setzt ein. Aus beiden erwächst in einem neuen Geburtsakt eigenen Werdens eine Zerteilung und Spaltung: Aus dem fraglosen Es des Seins im Leib sondert sich das *Ich* vom Körper. *Ich habe einen Körper!* Diese Erkenntnis bedeutet Errichtung eines Herrschaftsbereichs oberhalb der Magie des bis dahin allmächtigen Fleisches, des eigenen und dessen der Mutter, denn zu beiden kann das Kind nun auch *nein* sagen. Es macht sich das Fleisch nun zum Gegenüber, auf das es zwar in Schmerz und Lust angewiesen bleibt, aber nicht mehr im ausschließlich passiven Nehmen, denn es wird nun auch ein Geben möglich. Zärtlichkeit der Mutter kann nun aktiv erwidert werden. Auch andere Menschen sind außerhalb des engsten magischen Zirkels zu entdecken und zu erreichen: der Vater, die Geschwister und andere, fernerstehende Menschen. Der Körper muß nun *beherrscht* werden, der eigene und der der anderen: im Laufen, im Aufeinanderzugehen und im Voreinanderfliehen und Sichverbergen. Und alle diese Körper werden mit den Sinnen „entdeckt" und geistig bewältigt durch Erfahrung und Benennung ihrer Teile, durch Vergleich und Beurteilung. Wir werden durch unsere Organe belehrt, das gilt auch für das Tier, aber nur wir (so sagte Goethe, und das gilt von dieser Entwicklungsstufe ab für jeden Menschen) können auch *unsere Organe belehren.*

Der Verzauberte wird erlöst und verwandelt zu seiner eigenen Gestalt, so sagen die Märchen. Aber noch ist der Einklang zwischen Geist und Körper nicht getrübt, noch ist die helle Magie des Fleisches harmonisch ins Sein eingebunden. Denn noch gilt für das Kind, was in der Schöpfungsgeschichte vom paradiesischen Menschenpaar berichtet wurde. „Und sie waren nackt, der Mensch und sein Weib, *und sie schämten sich nicht*" (Gen. 2:25). Kleinkinder schämen sich nicht, sie sind *unschuldig,* wie man wohl allgemein sagt, ohne recht zu begreifen, welch ungeheures Gleichnis sich in dieser so bemerkenswerten Tatsache verbirgt. Merkwürdig genug, daß unsere vom Gedanken der Evolution und der Gültigkeit des biogenetischen Grundgesetzes fast berauschte wissenschaftsgläubige Zeit schulterzuckend daran vorübergeht, was dieser Stand der unschuldigen Nacktheit und des fraglosen Sich-nicht-Schämens der Kleinkinder als Gleichnis für die Herkunft des Menschengeschlechts eigentlich besagt: Wir alle kommen her aus einem Bereich jenseits von Gut und Böse, für den zwei Bilder als Modell dienen können, das Tierreich *und* das Paradies. Die Wahrheit wird in der komplementären Annahme beider „Modelle" liegen.

Doch ist es mit dieser Unschuld bald vorbei und auch mit dem Sich-nicht-Schämen, wenn Kinder sich ihres *eigenen Geschlechts* bewußt werden. In einer geradezu unübersehbaren Parallele zum biblischen Bericht „gehen ihnen die Augen auf" für die eigene Nacktheit und wird ihnen das „Feigenblatt" zum Bedecken von Blößen notwendig, wenn sie erkennen, daß sie *sexuelle Wesen* sind. So unrecht hatte die Schlange letztlich nicht: *Sein wie Gott,* der männlich-weiblich ist, das heißt auch: bewußt männlich-weiblich sein. (Doch lag der Betrug der Schlange darin, daß Adam und Eva zu ihrer Schande erfuhren, daß sie nun *nur noch* männlich oder *nur noch* weiblich waren.)

Für Kinder ist die Erfahrung des eigenen Geschlechts deutlich mit einer solchen Minderung des Vollgefühls eigenen Seins verbunden. Jungesein, das bedeutet (selbst mitten im Patriarchat) zunächst einmal: *nur* ein Junge sein, also nur wie der Vater, nicht wie die Mutter. Aber auch für das Mädchen (selbst im mildesten Patriarchat) heißt es „nur", denn alles, was ihm am Vater an Eigenarten des Männlichen vertraut wurde, sieht es damit für sein eigenes Sein versagt. Die Trennung, das Zerbrechen, ist wieder einmal offenkundig: Das Kind, das sich bisher als Ganzes fühlte – ja, durch die Ablösung von der Mutter gerade erst ein Ganzes geworden war –, sieht sich zur Halbheit verurteilt, sieht sich und die Umwelt damit auf eine Unvollständigkeit seines Seins unabwendbar hingewiesen. Der Frieden des Paradieses, für den die Mutter als Schutzmacht noch greifbar im Hintergrund steht, ist verloren, wenn man erkannt hat, daß man „nackt" ist. Die helle Magie des Fleisches hat von nun an auch eine dunkle Seite.

In der *Pubertät* entfaltet sich zwischen diesen Polen heller und dunkler Magie des Fleisches ein mächtiges und unheimliches Spannungsfeld und überlagert sich dem sexuellen. Das andere Geschlecht wird nun zur Bedrohung, die zunächst (vorpubertär) in Abwehr und Verachtung überspielt wird, dann aber in der eigentlichen Pubertät zunehmend als verlockend und tabuisiert zugleich eine unausweichliche Macht entfaltet, zumal der Rückweg zur Mutter für den jungen Mann durch das Inzesttabu rigoros gesperrt ist und ihm so nur die Flucht nach vorn bleibt. Die eigene Sexualität wird nun erfahren, zunächst beängstigend als Magie des eigenen Leibes: Veränderungen im Genitalbereich, seine Erregung und Erregbarkeit. Alle diese Verwandlungen des eigenen Leibes machen ihn zum unheimlichen Ort eines Geschehens, gegenüber dem man sich als machtlos und ausgeliefert erlebt. Die Ursituation des dunklen, erlösungsbedürftigen „Verzaubertseins" ist erlangt, für die in Märchen und Mythen Hexen und Zauberer verantwortlich gemacht werden. Tiefer in die Gewalt solcher Magie führt noch das Erleben von Pollutionen beim heranwachsenden Jungen und von Menstruation beim heranwachsenden Mädchen; denn Sperma beziehungsweise Blut bricht außerhalb des eigenen Willens aus dem eigenen Körper hervor. Zugleich erfährt der junge Mann – er zweifellos stärker als das Mädchen, denn er ist zum aktiven Täter in der biologischen Funktion der Fortpflanzung bestimmt –, daß die Nacktheit des anderen Geschlechts ihn magisch-mächtig anziehen und verzaubern kann, daß seine Sinne betört werden und sein Wille zwanghaft ausgerichtet wird wie eine Kompaßnadel vom Magnetpol, daß seine stolze Selbstbestimmung im Zauberbann der Magie des Fleisches zu einer solchen zitternden Kompaßnadel wird, die nur noch eine Richtung kennt.

Der erwachte Verstand wird diese magische Bedrohung abwehren und verdrängen, wie es auch die naturwissenschaftliche Aufklärung tut: Da werden aus Zwängen physiologische, von Hormonen gesteuerte Reaktionen und aus bannenden Signalen „angeborene Auslösermechanismen" des Verhaltens. Aber wie so oft ist auch hier die Beschreibung einer Erscheinung noch nicht ihre Erklärung, sondern behindert sie, wenn sie sich als solche ausgibt. Der Erwachsene darf die pubertierenden

Jugendlichen gewiß in den notvollen Ängsten und Bedrängnissen dieser Zeit nicht allein lassen, sondern hat ihnen in verstehender Liebe zu helfen, wozu *auch* eine entängstigende Information über die Grundtatsachen der Fortpflanzungssexualität gehört. Der Jugendliche muß z. B. wissen, daß Selbstbefriedigung zwar ein Ventil sein kann, das ihn vorübergehend entlastet, das aber doch nie an das eigentliche Ziel einer vollen Liebesfähigkeit führt, ja durch Maßlosigkeit dieses Ziel sogar verstellt.

Vor allem aber muß er über die *Psychopathologie der Sexualität,* über die Irrwege einer tragisch verfehlten, unnormalen Entwicklung des Geschlechtslebens aufgeklärt werden. Er muß wissen, daß er durch prägende Jugenderlebnisse, die mit der Angst vor der als übermächtig erlebten magischen Gewalt des anderen Geschlechts zusammenhängen – leicht aber auch durch Verführung von außen –, in den Bereich der *Homosexualität* geraten kann, bei der ihm nur im eigenen Geschlecht die seelisch-leibliche Bergung und Ergänzung möglich erscheint, für die ihm doch eigentlich das andere Geschlecht gegenübersteht. Vor allem Männer, denen der Weg zur Frau magisch versperrt ist, meiden und verabscheuen dann alles Weibliche im Zusammenhang mit ihrer eigenen Sexualität und fühlen sich zur Erlösung aus ihrer Selbstbezogenheit nur zu anderen Männern hingezogen. Damit aber entsteht eine nicht nur widernatürliche, sondern auch widergöttliche Verzerrung der geschöpflichen Geschlechterspannung, die keine echte Erfüllung in der Liebe bringen kann, sondern in Isolation und Verzweiflung treibt, wenn auch oft in die trotzige Verzweiflung einer Folie à deux, die sich – wenn die Zeitumstände günstig sind – selbst als neue und alternative Freiheit interpretiert.

Hier setzt der liberalistische Zeitgeist gern mit der Behauptung an, alles sei natürlich, was der menschlichen

Natur möglich, alles sei erlaubt, was ihr Lust und Entspannung bringt. Dies bedeutet aber keine wirkliche Erlösung aus der Not der geschlechtlichen Verirrung, denn der Mensch weiß „in seinem dunklen Drange" sehr wohl, daß er zu seinem eigenen Seelenheil nicht alles darf, was er kann. Daher schafft auch die Entmythologisierung und Mechanisierung dieser magischen Bezirke in der nüchternen Atmosphäre der *Sexualaufklärung* (oder gar in der Methodenlehre der Sexualtechnik) keineswegs echte Hilfe, sondern vertreibt mit der Angst vor dem Dunkel der Magie leider oft zugleich die Fähigkeit zum Eintritt in die Helligkeit der Liebe. Denn gegen dunkle Magie ist nicht das Wissen ein Gegenmittel, nicht Können und nicht Machen, sondern die Liebe. Daher kann die letzte und gültige Aufklärung und Einweihung in den Zauberkreis der Magie des Fleisches nur durch Liebe, das heißt nur durch die Liebenden selber, geschenkt werden.

Diese Erfahrung der erlösenden Liebe im Feld der sexuellen Magie war gemeint, wenn Jakob Böhme den Menschen als „Mann- und Weibtier" zum wahren Menschen werden sieht und wenn Franz von Baader in der sexuellen Verschmelzung einen „Tierakt" sah, der „gleichsam nur durch die Umarmung, d. h. durch die Liebe, seinen Exorzismus erhält". Dieser „Tierakt" – das so drängend wie unschuldig von den Tieren vor unseren Augen vollzogene Einssein des Fleisches in der sexuellen Vereinigung – liegt jenseits der Pubertät als das ungeheuerliche, von der äußeren Norm wie von der inneren Befindlichkeit her tabuisierte, lockende und bannende Ziel am Ende des Weges der sexuellen Entwicklung zur Reife und zur Fähigkeit der „Konsumation". Hier locken Dunkles und Helles zugleich, und die innerseelische Kraft zum Aufbruch in dieses zugleich heilige und tabuisierte Land kommt aus *zwei* Richtungen, die wie eine dunkle und eine helle Quelle der Liebe erscheinen.

Das Dunkel des geschlechtlichen Getriebenseins durch den wachsenden Druck der Organfunktionen – das „hormonelle Irresein" – führt den erwachsen werdenden Menschen zielsicher in die gleiche Richtung, nämlich zum anderen Geschlecht, in die ihn auch die Helle des Einbruchs und Aufbruchs eigener Liebesfähigkeit führt.

Verliebtheit ist der Ausdruck dieses hellen Zaubers, der ein Gegenüber in den Glanz überirdischer Verklärung stellt, ihn zum Mittelpunkt alles Denkens und Handelns, zugleich aber auch zum Schutzwall gegen den Einbruch der nun zunächst deutlich als „dunkel" empfundenen eigenen Genitalität macht. Für den jungen Mann (und die junge Frau gleichermaßen) gilt nun, daß er in diesem Zustand in ungewohnter, ätherischer Zartheit „errötend ihren Spuren folgt" und das geliebte Gegenüber – in Abwehr eigener Problematik – zum göttlichen Wesen erhebt. Diese *Hellsichtigkeit,* in der nun ein anderer Mensch (der erste nach der Mutter!) in magischer Absolutheit zum Inhalt des eigenen Seins wird, erblickt ihn dabei gewissermaßen (so definierte W. Solowjew das ideale Bestreben der Kunst) „im Lichte einer zukünftigen Welt", erkennt ihn als göttlich, von unendlicher Kostbarkeit und Einmaligkeit. Solche Verliebtheit macht keineswegs blind, sondern sie sieht absolut richtig. Ihr Irrtum liegt nur darin, daß sie nicht alle Menschen in diesem zukünftigen Licht der Göttlichkeit erkennt, sondern nur den einen. Aber diesen immerhin, und so ist selbst die zur initialen Verliebtheit des Jünglings gehörende (nach E. Sprangers Erkenntnis für ihn typische) Abspaltung der anbetungswürdigen „Madonna" von der verachteten „Dirne" – also die Verbannung aller dunklen Magie des Fleisches von der Geliebten weg und ihre Projektion auf draußen und im eigenen Dunkel gesuchte genitale Sexualität – ein echter Blick in paradiesisch zukünftige (und vergangene) Welten, in denen die Frau allein als Trägerin der hellen Magie der Liebe erscheint.

Doch ist diese Spaltung der Sexualität in Hell und Dunkel ein Zustand der Welt und des einzelnen, der in der Liebe überwunden wird. Es ist das untrügliche Kennzeichen reifer Liebesfähigkeit, daß in ihrem Vollzug diese Spaltung aufgehoben wird und die sexuelle Vereinigung als „exorziert", als insgesamt und in allen ihren Details hell und beglückend empfunden wird – eben als die Wiedervereinigung des Getrennten, bei der die Morgenröte alle Nacht verscheucht. Die *Zärtlichkeit,* zu der die scheue Verliebtheit drängt und in der sie sich zur reifen Liebe zu wandeln lernt, ist neben ihrem eigentlichen Wert als Ausdruck der Zuneigung auch beschwörender Gestus, in dem im Bereich der sexuellen Magie die Vertrautmachung des Fleisches gelingt. Sie ist auch die schrittweise und behutsame *Einweihung* in den Zauber des Leibes, ist magische Wanderung aufeinander zu, die durch Tabubereiche der eigenen Intimität und Egozentrizität hindurch die Liebenden eine Umwertung aller Werte erfahren läßt. Wieder gilt hier die Warnung: Was unsere Zeit in unangemessener Profanisierung zum Lernstoff einer Liebestechnik systematisiert und entmythologisiert (der Weg vom „Necking" und „Petting" zum „Orgasmus"), kann auf solche Weise in seinem inneren Wert nur gestört, nicht gefördert werden. Was in der Zärtlichkeit zwischen Liebenden entsteht – diese Mischung von Vertrautheit, Dankbarkeit, mütterlichem Geben und kindlichem Nehmen –, bewirkt im Feld der Magie des Fleisches eine Wandlung, die zur „chymischen Hochzeit" zweier vorher getrennter Elemente, eben des männlichen und des weiblichen, führt.

Die chymische Hochzeit selbst, die sexuelle Vereinigung, ist auf diesem Weg stets *mehr* als Unio zoologica. Schon die Tatsache, daß die Liebenden sich in der Umarmung zugewandt sind – wie es vom Säugling an, aber *nur* beim Menschen, die Erfahrungsform der Bergung im Fleisch ist (und wie es, *nur* beim Menschen, durch die Beibehaltung der fötalen Einkrümmung der weiblichen Geschlechtsöffnung anatomisch möglich ist) –, unterscheidet dieses Geschehen grundsätzlich vom Begattungsakt der Tiere. Sich in die Augen sehen können, das gilt als letzter Vertrauensbeweis auch sonst im menschlichen Leben; sich in die Augen des anderen liebend „versenken", ist Symbol tiefster Einheit mit ihm. Die Frau erfährt ihre Überwältigung und die Hereinnahme des Mannes in ihren Leib, wobei Schmerz und Lust zunächst als ungetrennte Einheit walten. Der Mann erlebt sich am Ende aller Ziele des Strebens seines Leibes, er verliert sich, seine Freiheit, seine Selbstheit und sogar sein Bewußtsein in einem seligen Eintauchen und Angenommensein, das ihn – den für alle Zeit von der Mutter und dem Muttersein Abgetrennten – zugleich als „zweiter Durchgang durch die Mutter" wieder hereinnimmt in das Mysterium des Fleisches. Dieses Ein-Fleisch-Werden ist eine *Unio mystica*, in der sich der zu einem Fleisch gewordene, dadurch gottähnlich gewordene Mensch mit mehr vereint als mit dem Geliebten, nämlich mit der Liebe selbst, mit Gott.

Aber nur die bewußt durchgehaltene Liebe, so wie sie die Verliebtheit meinte, kann diese Unio mystica vollziehen und alle dunklen Anteile der Magie der Sexualität bannen. Im Hintergrund bleiben sie stets mächtig und bieten sich als lockende Versuchung gerade dem sexuell Erfahrenen, dem Eingeweihten, in ihrem Sog an. Denn zur Freiheit (und Verführbarkeit) des Menschen gehört, daß er die helle Seite der Liebe verleugnen und sich dem Rausch der dunklen Magie des Geschlechts ergeben kann. *Sexualität ohne Liebe* ist möglich, dem Mann leichter als der Frau, die bei aller Verführbarkeit mehr Nähe zum Mysterium bewahrt als er. Der magische Sog kann den Menschen zur geist- und lieblosen Routine des selbstbezogenen Lustgewinns, ja zur schwarzen Messe des abgespalteten, dämonisch von Gott und der Liebe sich abwendenden „Sex" führen, zur Pornaia, zur orgiastischen Entartung in sadistischen und masochistischen Teufelskreisen einer sich selbst verschlingenden und zerstörenden Besessenheit, die schließlich in Dunkelheiten endet, in denen kein Licht der Liebe mehr scheint.

Zur Freiheit des Menschen gehört aber auch, daß er sich in seinem Sehnen nach Einheit ganz aus dem Bann der Fortpflanzungssexualität lösen kann und dabei sogar zu einer *Liebe ohne Sexualität* zurückfindet, wie sie als Urform oberhalb aller Zwänge des Fleisches am Anfang zwischen den liebenden Teilen des Ganzen bestand und am Ende aller irdischen Entwicklung, wenn der Tod überwunden ist, auch wieder stehen wird.

Zwischen beiden Polen einer möglichen Wandlung seelischer Alchemie, zwischen dem Versinken in der Magie des Fleisches und seiner Heiligung in der personalen, dem anderen wahrhaft zugewandten Liebe, erstreckt sich das Feld einer *Bewährungsprobe* des Menschen in seinem Leben als sexuelles Wesen. Seine Freiheit ist hier stets bedroht, aber vor den Gefahren des Verlustes der Liebe bewahrt nichts so sicher wie die Liebe selbst. Liebende tragen sich gegenseitig über die Abgründe der Magie, die sie zusammenführte. Aus der sexuellen Einheit, die nur erzwungen oder erlistet wurde, wachsen Verachtung und Verbitterung, und von hier geht der Weg in die Verzweiflung der Selbstaufgabe. Sexuelle Einheit aber, die aus liebender, personaler Zärtlichkeit, aus seligem Zauber und Verliebtheit entstand, wächst in der Dankbarkeit des Mannes und der Mütterlichkeit der Frau zu einer tiefen Beziehung der *Solidarität des Fleisches* und des Schicksals, die Beständigkeit der Liebe und tiefes, eigenes Bedürfnis nach *Treue* hervorbringt. So spenden sich wahrhaft Liebende ihre Liebe als *Sakra-*

ment, das sie zugleich nach unten abschirmt gegen den Einbruch dämonischen Sogs und nach oben hin öffnet für ständigen Zustrom an Liebeskraft.

□ Was jeder einzelne in seinem Umgang mit Sexualität auf dem Feld der Liebe als helle oder dunkle Magie erfährt, wird sich auch generell auf die Entfaltung der menschlichen *Kultur* prägend und gestaltend auswirken. Der gleiche Weg, den jeder von uns aus der säuglingshaften Geborgenheit am Leibe bis hin zur aktiven Lebensgestaltung zwischen der Magie des Fleisches und dem Zauber der Liebe geht, findet sich auch in den kulturgeschichtlichen Epochen der Menschheit wieder. Wir können die Geschichte der gegenwärtigen Kulturformen und die Etappen dieses Weges überhaupt nur richtig verstehen, wenn wir auf dem Feld der Sexualität und Liebe unsere eigenen, sich im Verlauf unseres Reifens wandelnden Erfahrungs- und Bewältigungsformen von Wirklichkeit als Modell und Gleichnis benutzen.
Auch in der Menschheit als Ganzem, wie sie uns in den einzelnen Kulturen entgegentritt, hat am Beginn ihrer Geschichte ein Stadium säuglingshafter, frag-loser Geborgenheit im kreatürlichen Sein gelegen, das uns im Rückblick nicht anders als unschuldig-tierhaft, weil in ungebrochener Einheit mit der unmittelbaren Natürlichkeit der Schöpfung, erscheint. In der animalischen Solidarität mit anderen Lebewesen erfuhren auch die ersten Menschen sich als „im Fleisch", gewissermaßen identisch mit ihm, seiner Lust und seinem Schmerz. Wie zwischen Säugling und Mutter muß sich dieses erste Stadium vor dem Auftreten des rational reflektierenden Bewußtseins in einer archaisch-magischen Stufe (wie Jean Gebser sie nannte) der Seinserfahrung als „nackte Wirklichkeit" entfaltet haben.

Als dem Bewußtsein des Menschen die erste Trennung zwischen sich und seinem Körper gelang, konnte es keine größere Eytdeckung geben als die der *Mütter*. Daß in der Geburt aus einem Fleisch zwei wurden, daß alle Menschen auf dem Weg über eine solche Geburt ins Leben treten, daß nur die mütterliche Frau den Säugling an ihrem Leib bergen, wärmen und ernähren kann – alle diese ersten Entdeckungen des beobachtenden Verstandes müssen unweigerlich zur Einsicht in die *magische Urmacht des Weiblichen* geführt haben. So ist das *Matriarchat* – die Verehrung und die aus ihr erwachsende Macht der Mütter, wie sie J. Bachofen am unteren Saum der Geschichte der Völker entdeckte – eine klare Konsequenz. In der Bewußtwerdung der Sexualität, also der allgegenwärtigen polaren Spannung zwischen Weiblichem und Männlichem, wurden zugleich die beiden Pfeiler aufgefunden, zwischen denen sich in Schmerz und Lust die Magie des Fleisches entfaltet. Ihnen gelten nun Kultus und Beschwörung. Die mütterliche Magie des Fleisches erfährt dabei Anbetung und Vergottung: Die *frühen Religionen* spannen sich zwischen den Sakramenten der Geburt und der sexuellen Vereinigung aus. In beiden erscheint das weibliche Element als das eigentlich gebende und beglückende, das männliche als das nehmende und beschenkte. Aber in der Entdeckung seiner Fähigkeit, Leben zu erzeugen, findet auch der Mann zu seiner magischen Potenz und Bedeutung, ja in dem Maße, wie die schier unermeßliche Zeugungskraft des Männlichen ins Bewußtsein tritt, wird die Frau zur Nehmenden, der Mann zum eigentlich Gebenden, was sich bald zum Extrem der Abwertung des Weiblichen als bloßer Nährboden für die Frucht des nun allein magisch mächtigen „Erzeugers" entwickelt, wie es das Denken des Patriarchats kennzeichnet.

Doch zu diesem Patriarchat ist es ein weiter Weg. Zunächst sind über Jahrzehntausende hinweg die Waagschalen in einem spannungsvollen Ungleichgewicht, das dem natürlichen Übergewicht der Frauen als „Mütter des Lebendigen" Rechnung trägt. Die Lust der Ein-Fleisch-Werdung, die im abgespaltenen Bewußtsein des denkenden Geschöpfes Mensch zu einem Ziel geworden ist, das beschwörend durch Eintritt in den Zauberkreis der genitalen Sexualität erstrebt und erreicht werden kann, bringt Sexualität und Religion in engste Nähe zueinander.

Orgiastische Kulte feiern die Einheit der Geschlechter als Gottesdienst, in dem die Adepten den innersten magischen Kern ihres Seins im rauschhaften Geben und Nehmen erfahren und dabei zugleich das einzige opfern, was solchem Rausch entgegenstehen könnte, nämlich ihr Bewußtsein und ihre personale Würde als einzelne. Daß Geben auch mit Lustgewinn, Nehmen auch mit Schmerz verbunden ist, wird in solchem magischen Rausch des Fleisches deutlich, und in dieser paradoxen sexuellen Wirklichkeit ist es nicht verwunderlich, daß auch das Bedürfnis nach kultischem Schmerz, nach einem Blutopfer am männlichen Fleisch, als Ritus der *Beschneidung* in so vielen alten Kulturen entstand.

Das männliche Glied – dieses einzig eigenwillig-ungehorsame Organ unter den Gliedern des Mannes, durch das er, so meinte Augustinus, an den Ungehorsam Adams im Paradies gemahnt wird – gewinnt im magisch-mythischen Denken der alten Kulturen eine zentrale Bedeutung als Symbol männlicher Macht, als Pars pro toto der Magie des Fleisches überhaupt. Daher schrieb Berdjajew (1927): „Im *Phalluskult* fand die gespannte orgiastische Sehnsucht nach Wiedervereinigung der getrennten Geschlechter, fand das Flehen nach kosmischer, geschlechtlicher Vereinigung seinen Ausdruck. In ihm wird der Punkt des Geschlechts vergottet, in dem der gefallenen Welt die größtmögliche Berührung und Verbindung von Männlichem und Weiblichem überhaupt nur möglich geworden ist. Durch diesen Punkt des Geschlechts vollzieht sich die Berührung mit dem uralten Mysterium des Seins ... Ein erleuchtetes und verklärtes Erleben des Phalluskultes ist in jeder sexuellen Verliebtheit enthalten." Doch im phallischen Triumph des Fleisches wird zugleich eine Niederlage des Geistes besiegelt, denn er hat die Führung abgegeben an eine Macht, der gegenüber er der Schwächere ist. Daher sagt Berdjajew weiter: „Der Phalluskult ist tragisch-ohnmächtig, er macht den Menschen zum Sklaven."

Dieses „Sklave-seiner-Leidenschaften-Sein" zeigt den Pol auf, gegen den sich im *Patriarchat* als Gegenpol das wache Selbstbewußtsein abzuheben sucht. Was Kielmeyer und Schelling im Tier als polar auseinanderstrebende anatomische Pole der Generation und der Individuation entdeckten (s. S. 59), findet sich als dynamischer Prozeß im Verlauf der Ichwerdung des einzelnen wieder und spiegelt sich im Kulturleben der Völker. In der Fortentwicklung des Patriarchats zeigt sich daher, wie es O. Ebertz ausdrückte: „Stärker als der Wille zum Zweigeschlechterwesen wurde der Wille zur *Einzelindividualität.*" Damit aber stellt sich die entfaltende Individualität *gegen* die frühe Form der Religion, denn dort gilt, was W. Schubart so ausdrückte: „Eine individuelle Geschlechterliebe ist dem Gläubigen der Naturreligionen unbekannt und, wo er auf sie trifft, unerträglich."

So zeigt sich tatsächlich, daß diese Frühreligionen den Einbruch der Individualität als die Ursünde der Sonderung des einzelnen aus der Einheit der Gruppe kultisch abwehren, indem die *Unpersönlichkeit* der sexuellen Vereinigung zum Bestandteil und zur Voraussetzung der religiösen Kultur wird. In der weitverbreiteten antiken Tempelprostitution ist dieser Zug noch deutlich: Der Fremde (also das unpersonale männliche Gegenüber) oder der Priester (der unpersonale Diener der Gottheit) vollziehen die heilige Defloration, in der deutlich wird, was noch im Jus primae noctis des Mittelalters nachklingt: Verzicht auf personale Liebe wird als Initialopfer für die Einweihung der Heranwachsenden in die Magie des Sexus verlangt; die personale Würde und Integrität müssen geopfert werden, weil sie der Allmacht des Fleisches entgegenstehen. Sogar das *Inzesttabu* (eine allen menschlichen Kulturen gemeinsame Scheu vor sexueller Vereinigung mit nächsten Blutsverwandten) wird in manchen orgiastischen Kulten ausdrücklich aufgehoben: In manchen gnostischen Kulten der Antike entschied das Los über die Paarungen der Gläubigen, um sicherzustellen, daß der sexuelle Rausch direkt auf Gott und nicht auf irgendeine geliebte menschliche Person gerichtet ist.

Aber schon Bachofen sah deutlich, daß nicht nur das Orgiastische der unpersonalen Vermischungssexualität zum („chthonisch-tellurischen") Matriarchat gehört, sondern auch eine zweite, höhere („lunarisch-tellurische") Stufe, in der die strenge Göttin Demeter als Hüterin der *Ehe* und des Hausstandes regiert. Denn wenn der Rausch des Fleisches für den Mann auch zum Ziel und Zweck seiner selbst werden kann und die Frau dabei zum austauschbaren Mittel, für die Frau ist er doch wesentlich ein *Vor*-Gang, dem als Eigentliches der Inbegriff des Personalen, nämlich Schwangerschaft und Geburt des Kindes, folgt. Das Kind benötigt die personale und wache Zuwendung der Mutter, nicht unpersönliches Versinken in Magie. Indem die Frau auch den Mann in dieses personale Zeugnis hineinzwingt, domestiziert sie ihn zum *Vater,* zu einer Institution, in der er nun an die Stelle des bisher über die Kinder herrschenden Mutterbruders (des einzigen für die Mutter sexuell neutralen Trägers von Männermacht) tritt.

Die männliche Sexualität erscheint in dieser Sicht als wilde, unpersönliche Naturmacht, die nur durch weibliche Sittlichkeit zu bändigen ist. In den Märchen sagt uns dies der „Tierbräutigam" (z. B. der Froschkönig), der durch die Prinzessin erlöst und verwandelt wird, wie im Mythos das edle, aber wild-ungebärdige Einhorn erst im Schoß der Jungfrau zahm und fromm werden kann. So wird in der Ehe der Brand der Leidenschaft zum Herdfeuer gebändigt, als dessen Hüterin die Frau in heiligen Rang tritt, weil sie in ihm den Mittelpunkt des nun möglich gewordenen Hausstandes als eigentliches Sakrament der Ehe bewahrt. Auch ist der unpersönliche „Fremde" nun als Gast heilig, was zugleich erfordert, daß Ehebruch zur Sünde, ja zum Inbegriff aller Sündhaftigkeit wird. Die Familie in ihrer absoluten und unaustauschbaren personalen Bezogenheit der Mitglieder aufeinander ist an die Stelle der sexuellen Paarbindung getreten; Begnadung durch Kindersegen und Betreuung der Nachkommenschaft sind ihr wesentlicher Inhalt, und nicht die leidenschaftliche Liebe der sexuellen Anziehung, sondern die beständige Treue der personalen Zusammengehörigkeit bildet ihre eigentliche Grundlage.

Dieses „Herdfeuer" heilig zu halten und die *Familie* als Grundzelle menschlichen Behaustseins, als Bollwerk der Kultur inmitten aller Bedrohung durch Unkultur zu bewahren, ist seither die Voraussetzung für alle sittliche und religiöse Stabilität. In der geordneten Struktur der Familie begegnen sich die Generationen und die Geschlechter in einem durch kultivierte Liebe und religiösen Gehorsam vom magischen Einbruch ungezügelter, dämonischer Leidenschaften freigehaltenen Raum. Hier wächst das Kind in personale Bezüge der Liebe hinein, hier lernen Heranwachsende das Geben und Nehmen von Liebe in der Solidarität einer Schicksalsgemeinschaft, hier erfahren sie den Schutz der Eltern und finden Leitbilder für eigene, erwachsene Lebensführung. Und hier begreifen sie, daß *Treue* und Zuverlässigkeit als Bedingungen eines sittlich hochstehenden Miteinanders der Geschlechter ebenso unerläßlich sind wie Respekt und bändigende Zurücknahme eigener Triebwünsche.

Das Inzesttabu waltet als mächtiger Gegenzauber und schafft so allein in der Familie eine aus der Sicht der Heranwachsenden von genitaler Sexualität freie Zone, wie sie ihre Seele benötigt, um die Kräfte zu sammeln, die außerhalb dieses Freiraums zum Umgang mit eigener und fremder Sexualität nötig sind. Die Eheleute selbst aber erleben ihre Sexualität in der sittlich gebändigten Leidenschaft als Abbild jenes heiligen Herdfeuers, nämlich als von Gott geschenkte Naturkraft, die Wärme und Geborgenheit schenkt und dazu die Schöpfungskraft des „Seid fruchtbar und mehret euch!" in einer von aller dunklen Magie befreiten Form des Segens, der in Demut und Liebe angenommen und als beglückende Zufriedenheit des Gehorsams gegenüber dem Geschick erlebt werden kann.

Wo dieses Herdfeuer der Familie bedroht wird, stehen daher Kultur und Religion insgesamt auf dem Spiel. Ideologische Gesellschaftsveränderer unserer Zeit haben das gründlich erkannt und ausgenutzt. „Die proletarische Erziehung beginnt mit der Brechung der sexuellen Tabus", weshalb denn der *Angriff auf die Familie* konsequent in der Schule ansetzt: „Wir brauchen die sexuelle Stimulierung der Schüler, um die soziale Umstrukturierung der Gesellschaft durchzuführen und den Autoritätsgehorsam einschließlich der Kinderliebe zu den Eltern gründlich zu beseitigen" (H. J. Gamm in einem modernen hessischen Handbuch für Lehrer). Durch Unterstützung des natürlichen Unabhängigkeitsdranges der Jugend verführt man sie auf diese Weise leicht dazu, in verfrühter, an keine Norm gebundener Sexualität ihre Liebesfähigkeit in ungerichteter und schließlich gar nicht mehr bindungsfähiger „Selbsterfahrung" zu ver-

spielen und so das eigene Schicksal einer dauerhaften, treuen und beglückenden Ehegemeinschaft zeitlebens zu verpassen.
Zügellosigkeit statt Freizügigkeit, das schafft unter dem Banner der „Befreiung" neue und schlimme Sklaverei. Über die bewußt oder unbewußt entfesselte dunkle Magie der Sexualität wird dabei die Familie gesprengt und der einzelne im Zerbrechen seiner familiären und religiösen Bindung für die Fesselung an Ersatzreligionen und Ersatzbindungen freigesetzt. So aber – indem man die Kulturentwicklung vieler Jahrtausende aufhebt und zurücktreibt – zerstört man den einzelnen mitsamt seiner Gesellschaft. Hier müssen wir in der endzeitlichen Bedrohung unserer Tage alle auf der Hut sein, denn es ist die religiöse Bindungsfähigkeit selbst bedroht und damit alles, was als Ausdruck inkarnierter göttlicher Liebe und gestifteter Kultur das menschliche Leben inmitten der gefallenen Schöpfung trägt und hält.
Solche Verführungen setzen taktisch geschickt an einer vorgegebenen Bruchstelle an, denn im vollentwickelten *Patriarchat* wird jede familiäre Bindung für den Mann (vor allem für ihn) immer *auch* als eine Fesselung empfunden, aus der er sich im Zuge seiner Selbstverwirklichung zu befreien sucht. Doch findet er in diesem Zwiespalt zu Lösungen seelischer Strategie, die keinen Rückfall in Anarchie bedeuten. Wie der pubertierende Jüngling sich aus der mütterlich-weiblichen Magie der Sexualität durch Abspaltung seiner Sehnsüchte in das Madonnen- und Dirnenideal löst, zeigt sich daher im vollentwickelten Patriarchat eine Tendenz zur *Trennung von Fortpflanzung, Eros und Sexus,* bei der diese Funktionen verschiedenen Personen zugeordnet werden. Die römische Ehefrau war die Herrin und Mutter der (erbberechtigten) Kinder, mit der der Patriarch ähnlich wie die Erzväter der Bibel in heiligem Eifer seine Nachkommenschaft erzeugte. Ihr mochten daher auch tiefe Zu-

neigung und Respekt gelten, doch war die eigentliche Leidenschaft der erotischen Liebe der Konkubine vorbehalten. Mit ihr wurde die geistig-seelische und leibliche personale Einheit gesucht, die jede echte Geschlechterliebe meint. Und in einer dritten Etappe der Abspaltung war schließlich der animalische Sexus, die unpersönlich-überpersönliche Magie des Fleisches, dem Umgang mit Sklavinnen und den Tempeldienerinnen der Luparien zugewiesen. Gerade diese letzte, die Frau in ihrer Eigenwürde nicht wahrnehmende Form der sexuellen Ingebrauchnahme, die sich aus der Leibeigenschaft der Sklaven ergibt, lebt in der *Prostitution* im Grunde bis heute fort. Denn die käufliche Liebe, die als dunkle Kehrseite des Patriarchats überall in männerbetonten Gesellschaften fast unvermeidbar auftritt, stellt nichts anderes dar als den persönlichen Gebrauch von Mietsklaven auf Zeit.

Aber diese Zerlegung der Frau in die Funktionsträger der Mutter, der Geliebten und der Dirne kann, auch wenn sie im Patriarchat über Jahrhunderte hinweg institutionalisiert wurde, nur eine *vorübergehende* Form von männlicher Bewältigung und von Exorzismus der Magie des Fleisches sein. Im gleichen Maße, wie der männliche Geist im Scheinfrieden dieser vorläufigen Abwehr der Totalität der Liebe zu sich selbst findet und sich als Person und unverwechselbares Ich entdeckt, wird ihm auch deutlich, daß die menschliche Würde seines sexuellen Gegenübers nur in der totalen, ungespaltenen Einheit einer Person liegen kann, einer *einzigen,* mit gleichem Anspruch auf unverwechselbares und nichtaustauschbares Ich. So wird die *Einehe* zur einzig möglichen Folge, und in ihr können sich alle Nuancen der geschlechtlichen Liebe von Person zu Person total und ungespalten bündeln. Dies bedeutet von nun an *mehr* als Freiheit des einzelnen, zugleich aber – als bewußt gebrachtes Opfer – stets auch *weniger* an Freiheit.

Daher kann der Freiheitsdrang des Ichs sich immer wieder gegen solche Fesselung aufbäumen und sich in der Ehe als magisch verhext und gefesselt empfinden. Aus der Geschlechtsliebe kann so im extremen Patriarchat, wie es O. Ebertz deutlich machte, im „hominististischen Selbstbewußtsein" *Geschlechterhaß* werden. Er führt in die zynische Menschenverachtung der pornographischen Erniedrigung der Liebe zu nichts als „Sex", zur „Apfelsäure" der positivistischen Wissenschaft, zum „Schluck Wasser" leninistisch-marxistischer Philosophie und somit in die dunkle Dämonie des Fleisches, für die der phantastische Maler Ernst Fuchs in unserer Zeit noch deutlichere Bilder schaffen konnte als Hieronymus Bosch in der seinen. Wenn sich die wütende Selbstbefreiung des Mannes aus der Zauberkraft der Sexualität mit dem prometheischen Befreiungsversuch von Gott vereint, kommt es zur *schwarzen Messe* des totalen Abfalls in der Selbstvergottung.
Aber auch der Ausbruch nach oben führt in verzweifelte Einsamkeit. Der Mensch kann dem Zauberkreis sexueller Liebe entfliehen und sich asketisch auf sich selbst zurückziehen. Darüber werden wir im folgenden Kapitel noch nachzudenken haben, doch sei auch die *sexuelle Isolation* hier zunächst unter dem Gesichtspunkt der Flucht betrachtet: „Könnt ich Magie von meinem Pferd entfernen . . .", so sinnt der alternde Faust nach dem Gang durch alle Höhen und Tiefen der hellen und dunklen Magie des Fleisches. Und doch führt auch und gerade ihn dieser Wunsch zuletzt in die reinste und sublimste Form magischer Bergung in der Mütterlichkeit Gottes, denn sie treibt ihn – und mit ihm die sich zum Christentum verwandelnde und veredelnde Religion überhaupt – in die Arme der jungfräulichen Gottesmutter, des letzten und höchsten Symbols für die Erlösungskraft personaler Liebe.

Das Ich und das Du

Erfüllung in der Einheit

> Ja, stark wie der Tod ist die Liebe,
> hart wie die Unterwelt
> ihre Leidenschaft.
> Ihre Brände sind Feuersbrünste,
> sind Flammen Gottes.
>
> Hoheslied 8:6

Das einst dem Gott aus dem flammenden Dornbusch vorbehaltene „Ich bin, der Ich bin" wird im Verlauf der Menschwerdung zum Inhalt der Selbstfindung eines jeden von uns. Was in der trotzigen Ablösung von der Mutter entstand und sich im Gang durch Feuer und Wasser der magischen Kräfte des Fleisches zu bewähren hatte, was im Rausch der sexuellen Vereinigung sich personal bedroht sah und in der Hellsicht der Liebe neu und erhöht in den Augen des Geliebten wiedergefunden wurde, das „höchste Glück der Erdenkinder", liegt von nun an darin, daß der einzelne sich als Ich empfindet, als herausgehoben und erhaben über dem animalischen Wir der Gruppe, der er entwachsen ist. Diese Ichfindung, die zum Auftrag des Menschen gehört und in der er zur bewußten Monade wird, in der sich – endlich! – die ganze Schöpfung spiegelt, macht ihn nun zu einer Form der Liebe fähig, die seinem hohen menschlichen Bewußtseinsstand angemessen ist: zur *personalen Geschlechterliebe,* in der zwei einzelne sich unersetzbar und ausschließlich gegenseitig anziehen und zur Einheit verbinden. Die Liebe erreicht damit auch im Geist die hohe Stufe der Heiligung des Du, als die sie in der Mutter-Kind-Gemeinschaft im Fleisch begonnen hatte. Aus der Unio zoologica kann damit endgültig eine Unio mystica werden, in der sich zwei, die einander erwählten, als Hand in Hand vor Gott stehend empfinden und in Hellsichtigkeit für den absoluten Wert des anderen ihre eigene Freiheit der Wahl gegen die Heiligkeit des Füreinanderbestimmtseins eintauschen.

□ Als *romantische Liebe* ist diese absolute, persönliche Zuneigung im sexuellen Bereich des frühen Matriarchats verpönt und im späten Matriarchat der Ehe untergeordnet, tritt aber auch im Patriarchat zunächst als ein die Ordnung störender und daher bedrohlicher Faktor auf. In der Antike stand solche die Ordnung sprengende Machtentfaltung des Eros eigentlich nur den Göttern zu, oder – bestes aller Symbole für die übermenschliche Macht der Liebe – sie verwandelte die Sterblichen durch göttliche Erwählung selbst in Unsterbliche. Als dann im Mittelalter und besonders in der Renaissance das antike Selbstgefühl des einzelnen wiedergeboren wurde, zeigten die ersten menschlichen Paare in solcher die Ordnung sprengenden Unbedingtheit der personalen sexuellen Liebe, Tristan und Isolde, Abälard und Heloise oder Romeo und Julia, die Tragik auf, in die solche Absonderung von der Gruppennorm und Absolutsetzung der persönlichen Liebe führen mußte.
Auch die *Minne* des Mittelalters spielt in diesem Spannungsfeld des Aufbruchs des einzelnen und seiner personalen Bezogenheit aus dem Ordnungsgefüge der institutionalisierten Magie in die Gefahrenzone des Absoluten, dem weder die Gesellschaft noch die Kirche eine freie Entfaltung zubilligen kann. Doch wird in der Minne auf dem Umweg über die Abspaltung die Tragödie gewöhnlich verhindert, indem die geliebte Königin ihre existentielle Treue dem König vorbehält und die unsexuelle Liebe dem fahrenden Sänger gewährt.
Wenn der zum Ich gewordene Mensch aus dem dunklen Bann der Magie des Fleisches ganz in den hellen Zauberkreis der Liebe eintritt, wandelt sich die sexuelle

Vereinigung der Liebenden in ein Mysterium anderer und höherer Art, als es das Ein-Fleisch-Sein an sich und in jedem Fall bereits darstellt. Viele Denker haben versucht, diese beiden Formen der Liebe voneinander zu unterscheiden und zu benennen. E. Swedenborg wollte die „Geschlechtsliebe" von der „ehelichen Liebe" getrennt sehen, wobei er meinte, daß die personale, eheliche Liebe eine „Pflanzschule des Himmels" sei, denn allein aus ihr entstünden zukünftige Himmelsbewohner. Dagegen weist W. Solowjew mit Nachdruck darauf hin, daß echte, tiefe „Geschlechtsliebe" (wie er die personale Liebe nennt) eher ein Störfaktor im Dienst der Erzeugung von Nachkommen ist. Er beweist das mit dem Hinweis auf die Erzväter: „Jakob liebte Rahel, aber diese Liebe erweist sich als unnötig für die Erzeugung des Messias, denn der ‚Gottzeuger Juda' stammt von der ungeliebten Lea." Hier liegt in der Tat der Hinweis auf die Tatsache, die wir bereits in einem früheren Kapitel betrachteten: Sexuelle Liebe ist primär *nicht* auf Fortpflanzung gerichtet, sondern tritt erst nachparadiesisch in deren Funktion ein. Liebe wird daher als ganz anders begründet von den Liebenden selbst erfahren, denn sie sucht in ihrer personalen Form das Hin zum anderen und das Fort von sich selbst. „Die Wahrheit als lebendige Kraft, die vom inneren Wesen des Menschen Besitz ergreift und ihn tatsächlich aus der falschen Selbstbejahung herausführt, heißt *Liebe*" (Solowjew). In diesem Sinne erfährt der Liebende in der Einheit mit dem geliebten Gegenmenschen, seinem wahren Gegenüber, daß auch das „höchste Glück der Erdenkinder" *nicht* die eigene Persönlichkeit ist. Denn Goethe läßt den Hatem auf diesen Hinweis erwidern:

Kann wohl sein, so wird gemeinet,
doch ich bin auf *andrer* Spur:
alles Erdenglück vereinet
find ich in Suleika nur.

Liebende erkennen sich in diesem Sinne als gegenseitige Erfüllung des eigenen Lebens und billigen sich damit karmische Schicksalsmacht zu. Ihr Zusammenfinden wird damit für sie selbst zu einem Werk heller Magie, das über jeden Zufall erhaben ist. Die Wiedervereinigung des Getrennten, dieser tiefste Auftrag in allem liebenden Streben zueinander, wird für sie zum *persönlichen Wiederfinden,* das ihrer Einheit die Heiligkeit des von Gott Füreinanderbestimmtseins verleiht. Was Christus seinen Jüngern sagte: „Ich habe euch ausgewählt, bevor die Welt begründet wurde", weist in die Richtung, die sich auch den personal Liebenden als Wunderland der Erwählung erschließt: Von Anfang an füreinander bestimmt, mit jedem Schritt ihres Lebens aufeinander zugeführt, so erleben sie sich im „Endlich!" ihrer Vereinigung. Auch die Reinkarnation und karmische Wiederbegegnung drängen sich als rationale Hilfe geradezu auf, wenn solche Einheit gespürt wird: „War'st in abgelebten Zeiten meine Schwester oder meine Frau!"

Liebe, die solcherart mehr ist als das Finden des Angenehmen und Geeigneten, mehr als das Nehmen und Geben in der Magie des Fleisches und auch mehr als Gehorsam im Fruchtbarkeitssegen der Schöpfung: nämlich persönliche Wiedervereinigung der Getrennten, erlebt den Geliebten als kostbar und einmalig und wird in der tiefen Freude der Wiederherstellung des heilen Ursprungs an ihm festhalten. Sie verliert sich daher auch nicht an die Routine, sondern sie hält weit oberhalb dieser Ebene die Individualität des anderen durch. Auch beim Einstieg in die Magie des Fleisches verliert sie den Kopf nicht, den eigenen nicht und nicht den unendlich kostbaren des anderen, sondern behält den Geliebten als die andere Hälfte des eigenen Seins im Auge. Wird *so* von Liebenden die elementare und magische Macht von Feuer und Wasser Hand in Hand durchschritten, bewährt sich in ihrem Einssein die Botschaft der Zauberflöte: „Mann und Weib, Weib und Mann, reichen an die Gottheit an."

Es geschieht aber sehr Unterschiedliches in dieser Einung des Fleisches. Der *Mann* gelangt an ein Ziel, er erreicht Erfüllung eines Auftrages, völlige Stillung eines tiefen Sehnens, er bringt Göttliches zu Gott zurück und kehrt zugleich zum Vater *und* zur Mutter heim: eben zu dem ganzen Gott, an dessen Ganzheit er geheimnisvoll mitwirken darf. Am anderen Ufer angekommen – nach dem Sturm der heiligen Leidenschaft und ihrer „Brände und Feuersbrünste" –, ruht er in den Armen derer, die ihm zum Ebenbild Gottes wurde und in deren Zärtlichkeit ihn Gott „tröstet, wie eine Mutter tröstet". Zugleich aber ruht er im Vaterhaus, ist der aus der Weltferne seiner Wanderschaft heimgekehrte Sohn. Er war im Drang seines Liebessehnens, in dem er hellsichtig in der Geliebten den Weg zu Gott erkannte, ein Bote (und so, als „Boten", als Engel Gottes, hat sie den Geliebten erkannt) – nun hält er am Ziel erschöpft ein, weil er die Botschaft überbracht hat. Der Bote bringt etwas und empfängt seine Belohnung – nie wird er ganz begreifen, daß Geben seliger ist als Nehmen.

Für die *Frau* ist alles ganz anders. Sie gelangt nicht an ein Ziel, sie ist selbst eines. Zwar fühlt auch sie sich beschenkt durch seine Liebe, noch viel tiefer aber hat sie ihn beschenkt in der Zuwendung und Öffnung, in der sie zum Schauplatz und zum Substrat der göttlichen Wiedervereinigung des Männlich-Weiblichen wurde. Sie ist nicht heimgekehrt, denn sie war niemals fort, sondern stets in geheimnisvoller Weise unmittelbar mit Gott dem Vater verbunden. Eben deshalb kann sie dem Geliebten nun Vater *und* Mutter werden. Sie ist auf dem anderen Ufer immer schon gewesen, das er nun in seinem liebenden Eifer erreicht. Sie ist *selbst* dieses andere Ufer, das er als bemühter Bote suchte, und sie empfängt die Botschaft, die er wie das Feuer einer Fackel trägt. Sie darf daher nicht ruhen und nicht satt sein, denn sie wird durch diese Botschaft selbst zur in Brand gesetzten Fackel. Ihr Auftrag beginnt, wo seiner endet, „für sie" (so schreibt Christa Meves in ihrem Ehe-Alphabet) „gibt es eigentlich kein Ende; denn für sie ist das Ende der männlichen Erregung im Grunde die Hoffnung auf einen großen, lang anhaltenden, erregenden Anfang". Ihr Lohn liegt in der Liebe selbst, ihre Seligkeit in seinem irdischen Glück, aber mepr noch in ihrem göttlichen Gehorsam. Der Verkündigung durch den Engel-Boten hält sie das „Fiat mihi!" der Gottesmagd entgegen. Das Mariengeheimnis der Frau ruht in dieser Fähigkeit ihrer unmittelbaren, letztlich des Mannes *nicht* bedürfenden, direkten Hingabe an Gott, der so immer selbst zum himmlischen Vater ihres Kindes wird, an dem der geliebte Mann nur bescheidenen, irdischen Anteil hat.

Der heilig-schöpferische Vorgang des Ein-Fleisch-Werdens von Liebenden ist also im tiefsten Sinne zwar das Zusammenschmelzen zu einer Schicksalsgemeinschaft (das hebräische Wort *basar* meint mehr als nur „Fleisch"). Er beruft aber als unmittelbare Folge totalen Einsseins die zwei zu ganz *verschiedenen Aufgaben,* was sich in der animalischen Ebene im Mutter- und Vaterwerden andeutet, das Kind also zur Frucht der Liebe macht, zur Erfüllung des Schöpfungsauftrages. Aber in der seelisch-geistigen Schicht meint das „eine Fleisch" zugleich viel Umfassenderes; denn aneinander und durcheinander werden sie nun erst wirklich zum Mann und zur Frau, zum Adam und zur Eva – nämlich zu Partnern eines Bundes, in dem jeder auf seine Weise in demütigem Gehorsam zum Statthalter Gottes, zum Ebenbild einer seiner beiden Eigenschaften wird: zum Geisttäter und Feuerträger göttlicher Botschaft *er,* zur bergenden, empfangenden, fruchtenden und tief in

Gottes mütterlichem Wesen wurzelnden Vollstreckerin *sie.*
Sie werden also, je mehr sie in Demut ihre Aufgabe als Bote und als Empfängerin göttlichen Wiedervereinigungsauftrages wahrnehmen, in ihrem Einssein doch zugleich einander *unähnlicher,* als sie es vorher waren. Aus Brustkorb und „Rippe", aus Isch und Ischscha – dem Mann also, der mit seiner „Männin" vor allem Mensch ist und die Emanationen des göttlichen „männlich und weiblich" in sich trägt – werden nun erst in dem Vorgang, der, wie wir sahen, durch das Feld des paradiesischen Sündenfalls führt, der Erdling Mann (Adam) und seine Frau Chawwa (Eva, die Mutter des Lebendigen). Denn sich lieben heißt eben auch: dem anderen sein „wie Gott"!

□ Liebe macht also nicht gleich, sie nivelliert nicht, sondern sie bricht „in Wirklichkeiten" auf. Sie ist wie das Königwasser der Alchemisten, das aus der Legierung Gold und Silber trennt. Sie ist bergende Hülle erlösender *Entselbstung,* wird aber in ihrem Vollzug zugleich zu dem hüllensprengenden Ereignis, das beide ihrer *Verselbstung* aussetzt. So liegt im Einssein bei allem Glück doch immer zugleich ein tragischer Kern von Aufbruch, von nicht zu überwindender Geschiedenheit, die den Durst nach Einheit, den sie stillt, auch stärker neu entfacht. Denn das Ein-Fleisch-Sein kann nach dem Gang durch die Tiefen bewußtlosen Glücks nur die stärkere Bewußtheit der beiden Ichs bringen, die doch jeder ein Kind Gottes und damit zwei unverlierbare Selbst sind. *Zwei,* auch in einem Fleisch.
Im Text der Genesis wird das nicht deutlich, aber mit Christus tritt es klar hervor, denn er selbst zitiert das alte Schriftwort und erweitert es in eigener Vollmacht: „Und sie werden *zwei* sein in einem Fleisch, und *so also sind sie dann nicht zwei, sondern ein Fleisch"* (Matth. 19:4).

Zugleich betont Christus eindeutig, daß diese Bestimmung des Ein-Fleisch-Seins nicht irgendein Kommentar (Adams oder des „Jahwisten") ist – worüber die Exegeten des Alten Testaments unverdrossen seit dreitausend Jahren streiten –, sondern der Richtspruch Gottes selbst: „Habt ihr nicht gelesen, daß ER, der den Menschen erschuf, gesagt hat . . .?" Gott-Sohn bestätigt hier also in höchster Kompetenz, was Gott-Vater meinte, als er sein Ebenbild männlich-weiblich erschuf: Nicht, daß die beiden verlorengingen aneinander, sondern daß sie sich in der Unio mystica mit Gott als sie selbst bewahren. Zwei also, aneinander hingegeben als Liebende, ausgelöscht in aller gegeneinander gerichteten Selbsthaftigkeit und Eigenwilligkeit durch das hohe Glück des gemeinsamen „Wir", aber doch nur füreinander „eins", für Gott gerade darin als *zwei* für ihn Gewonnene. Er ruft sie ja *beide* mit seinem „Adam, wo bist du?", vor ihm können sich beide selbst im Paradies nicht verbergen. Er liebt sie und wird sie daher in der Vereinigung mit ihm erst eigentlich ganz entstehen lassen als die zwei, die er schuf.

Die heilige Einheit des göttlichen Wiederfindens ist eben kein Nirwana, in dem das Licht der Selbstfindung des Ichs erlöscht, sondern sie ist eine Läuterung, in der es sich zu höherer Wirklichkeit wandelt. Der tosende Ozean des leidenschaftlichen Aufbruchs wirft einen anderen, geläuterten Odysseus ans neue Ufer, einen, der erstmals Ernst macht mit der Umkehr und heim will ins Vaterhaus. Und eine neue, geläuterte „Gehilfin" erwartet ihn dort als Nausikaa. Hier erst (im 9. Gesang der Odyssee) erkennt der Vielgewanderte sich selbst und sagt erstmals „ich" zu sich: „Ich bin Odysseus!" Jetzt erst ist er ganz er selbst.

So findet der liebende *Mann* durch die Frau hindurch und auf jenem Wege zu Gott, den sie ihm eröffnet, sich selbst. Am neuen Ufer, an dem er in der liebenden

Einheit der chymischen Hochzeit strandet, muß sie ihn wie in einer zweiten Geburt neu zur Welt bringen, der Welt neu und verändert zurückgeben.

Wie sie sich an mich verschwendet,
bin ich mir ein wertes Ich ...

so besingt Goethe als Hatem seine Suleika. Aus der Einheit mit der Geliebten, aus der Einkehr zu Vater und Mutter wird der „zweite Durchgang durch die Mutter" geheimer Alchemie, die den Mann erst eigentlich zum bewußten Sohn Gottes macht. Wir dürfen ahnen, was auf diesem Wege männlicher Liebesentwicklung durch Christus vorgegeben ist: Aus jedem Menschensohn soll ein Gottessohn werden.

Aber auch die *Frau* wird erst durch das Erlebnis der liebenden Einheit in der Erfüllung ihres Auftrages sie selbst. Er, ihr Mann, gibt ihr in Gottes Auftrag ihren Namen, „und wie er sie nennt, so soll sie heißen". Indem der Mann seine Frau „erkennt" (nämlich als den heiligen Altar der Wiedervereinigung männlich-weiblicher, göttlicher Schöpfungspotenzen), wird sie zur Mutter des Lebendigen und damit auch zu seiner (zweiten) Mutter, zur „oberen Mutter", wie es die jüdische Weisheit des Sohar nennt. So sah es auch O. Ebertz in seiner „Philosophie der Wiederherstellung" (1967): „Ihr (der Frau) wird bewußt, daß sie den Mann zweimal gebären muß, zuerst leiblich, dann geistig, und daß diese geistige Mutterschaft mit noch größeren Schmerzen verbunden ist als die leibliche." Gottes Vaterschaft an dieser Neugeburt des Mannes durch die Frau ist eindeutig: „Ich habe mit Gott einen Mann gewonnen!" so jubelte schon Eva nach dem Sündenfall, und sie kann damit letztlich den Sohn nicht gemeint haben, sondern eben nur den, der sie „erkannte", ihren Adam, den sie *nun,* da sie Frucht trägt, ebenfalls erkennt. Hier sind in mythischer Verkürzung das Gemeinsame und das Unterschiedene der männlich-weiblichen Unio mystica ganz klar zusammengefaßt: „Er erkannte sein Weib (nämlich als die göttliche Mutter des Lebendigen), und sie ward schwanger." Wir dürfen ergänzen: Sie gebar und erkannte *nun* auch den göttlichen Vater in ihrem Mann. So meinte es auch O. Ebertz: „Denn das tiefere, überintellektuelle Geistesleben des Mannes stammt aus seiner Erweckung durch die Frau. Hier ist der Mann der empfangende und gebärende Teil. Kein Weltgedicht und kein Weltbild, das beide Pole umspannt, kann aus Selbstbefruchtung entstehen, sondern nur, wenn sich der Mann der magischen Seelenführung der Frau überläßt."

Aber dieses Erkennen, Bewahren und Wachsen der zwei in einem Fleisch ist nicht selbstverständlich, sondern es ist hohe eheliche *Feier* und krönende Frucht einer dem anderen und Gott zugewandten, totalen Liebe. Der Eintritt in dieses Arkanum ist nur unter besonderen Bedingungen möglich, eben als Gnadengabe, die erfleht und empfangen werden muß. „Das Geheimnis ist groß" – so heißt es, und das Mysterium darf nicht verspielt werden. Aus heiliger Trunkenheit wird sonst profane Trunksucht, aus höchster Lust ein flaches Vergnügen. Schon in der Bibelübersetzung wird aus dem „Mysterium" das (von der Kirche verwaltete) „Sakrament", aus diesem aber bei der Umsetzung in den Ehealltag, den das bürgerliche Gesetz verwaltet, die eheliche „Pflicht" und – noch schlimmer – das eheliche „Recht".

Damit sind ein Wandel und ein Abstieg in der Gestalt des Festes gekennzeichnet, der doch fast unvermeidlich droht, wo immer aus einer Eucharistie ein tägliches Brot wird. Wenn das graue Gespenst der Routine seine Herrschaft errichtet, wird der Weg ins Paradies versperrt. Die Liebenden müssen sich dann mit den Vorhöfen des Mysteriums begnügen. Sie beschenken sich mit Lust, die doch weder die ganze Botschaft noch der volle Auftrag ist, sondern von beiden nur die archaische, animalische Wurzel.

Der *Mann* versucht dann als Ausweg wohl dieser Verflachung zu entgehen, indem er in immer neuen Anläufen (in der Phantasie oder in der Wirklichkeit) bei neuen Exemplaren weiblichen Gegenübers den vollen Zauber des Mysteriums wiederzufinden hofft. Aber als Don Juan, als Umhergetriebener eines durch eigene Schuld unstillbar gewordenen magischen Heimwehs nach Wiedervereinigung, scheitert er – der „Helena in jedem Weibe" sieht – in der Vater- und Mutterferne seiner für immer verspielten Fähigkeit, ein Bote von Gottes Liebe und Treue zu sein. Denn auch die *Treue* Gottes soll er ebenbildlich in seinem Leben und Lieben verwirklichen, was für ihn den Verzicht auf die Magie neuer sexueller Begegnungen erfordert – für ihn viel mehr als für die Frau, in deren Wesen die Treue eine unmittelbare, nicht abspaltbare Folge der Liebe wird, wenn sie zur Mutter des Lebendigen geworden ist.

Die *Frau* müßte daher tiefer fallen, ehe sie ähnlich polygam würde, denn als Dirne wird sie zur Verräterin an ihrem Wesen und verliert damit ihre hohe menschliche Würde. Ihr Weg in die Routine der Vorhöfe des Glücks ist ein anderer, selbst wenn sie nur für einen einzigen Mann zum „Freudenmädchen" wird. Sie wird in der Vergeblichkeit des Wartens auf das große Fest der totalen Einheit mit ihm den eigentlichen weiblichen Kern ihres Liebens (die Bereitschaft, in ihm Gott zu empfangen) zurückdrängen und sich dem Mann anpassen, bis auch ihr Körper und ihre Seele zum bloßen Lustgewinn bereitgestellt sind. Damit wird sie ihm ähnlich („phallisch", wie es die Psychologen nennen), verzichtet auf ihr Bestes und ist ihm schließlich willig das, womit er sich so gern begnügt: Empfängerin und Schenkerin von Lust. Je ähnlicher (männlicher) aber ein solches Paar sich wird im gegenseitigen Lustgewinn, um so ferner rücken die hohen Gipfel der Unio mystica, um so mehr bekommt die gegenseitige „Consumatio" einen Hauch von Homosexualität (nämlich gleicher geschlechtlicher Motivation), von gleichsinniger Ausrichtung auf die männliche Art des Geschlechtsgenusses. Oder aber, wenn die Identifikation mit dem Mann nicht gänzlich gelingt, zieht sich ein Hauch von Inzest über die Liebe der beiden, denn die Frau sinkt ab zum Ersatz der stillenden Mutter (wird zur „unteren Mutter" des Sohar), statt zur neuen, zur geistig-seelischen („oberen") Mutter aufzuwachsen.

Aus dem Hohen Paar, den Trägern göttlicher Potenzen, und ihrer Feier der göttlichen Wiedervereinigung wird dann leicht der Rückfall in die sexuelle Kumpanei zweier, die sich nur noch aneinander verlieren und daher Gott nicht aneinander erfahren können. Diese Art Ehe ist es, vor der uns der Apostel Paulus warnt. Er wütet gegen das „Fleisch", gegen das sexuelle Konsumverhalten der Menschen. Sexualität ist ihm wie das „Essen von Götzenfleisch", und er mahnt daher: „Eine Speise bringt uns Gott nicht näher; wenn wir nicht essen, so haben wir keinen Nachteil, wenn wir essen, so haben wir keinen Gewinn" (Kor. 8:8). Von daher kommt es zu seiner im Sinne des Bisherigen so skandalösen (und durch Christus selbst mit keinem Wort gestützten) Warnung: „Ein Mann tut gut daran, keine Frau zu berühren" (Kor. 7:1). Er täte also gut daran, nie die Einheit im Fleisch zu erleben – so meint der Apostel und weiß doch sehr wohl, daß er durch seinen Meister hier nicht legitimiert ist: „. . . nach *meiner* Meinung; ich glaube doch auch den Geist Gottes zu besitzen" (Kor. 7:40).

Aber Paulus hat eben die sexuelle Verflachung des Mysteriums zur ehelichen Technik vor Augen, nicht die heilige Einheit der schicksalhaften Unio mystica. Die abgeflachte, profanisierte Form des Umgangs mit Sexualität, so meint er, sei zwar immerhin noch etwas besser als „Unzucht“ (Porneia), aber das ist auch schon alles, was er zugunsten der Ehe gelten läßt. „Unenthaltsamkeit“ zieht in ihrer verabsolutierten Form den Menschen aus dem Bereich des Geistes herab in die Materie, in das „Fleisch“, wie er es versteht. Dort aber – so mahnt er – „versucht der Satan“ uns in der „Bedrängnis durch das Fleisch“ und will uns vom Glauben abbringen. Wo Gott Sexus triumphiert, sündigen wir gegen das erste Gebot. In der Tat, wo der Schleier des Heiligen von der Sexualität abgezogen wird, bricht *Dämonisches* aus der Tiefe ein. Der Mensch kann „tierischer als jedes Tier“ sein, kann viel tiefer sinken als die ichlosen Geschöpfe, wenn er sich der dunklen Magie unterwirft und sein Ich verrät an die Triebe. Wo sie sich *ihn* untertan machen, ist die Schöpfungsordnung pervertiert, und es geschieht Teuflisches, Gegengöttliches. Dabei ist es sicher, daß der mächtigste aller Triebe, der Geschlechtstrieb, dort, wo er nicht kultiviert und in Zucht genommen wird, Gottes Bund mit dem Menschen am gefährlichsten stört. Alle Verteufelungen der Sexualität in der Kirchengeschichte haben hier – beim selbstsüchtig entarteten Geschlechtstrieb – ihre volle seelsorgliche Berechtigung. „Unzucht“, vor der Moses und die Propheten so eindringlich warnen wie die Evangelisten und Apostel, wird eben in ihrer Widergöttlichkeit – in der Perversion der „Flammen Gottes“ – zum höllischen Brand, zur Ursünde des Abfalls vom Gesetz, indem der so Gefallene sich selbst mehr liebt als Gott und den Nächsten, genauer aber: zur Ursünde der widergöttlichen Lieblosigkeit gegenüber Gott, dem Nächsten *und* sich selbst.

□ Von daher gesehen ist dann die Enthaltsamkeit das bessere Werk, ist die *Jungfräulichkeit* mehr wert als der Ehestand. Und so sieht es mit Paulus seither ein großer

Teil kirchlicher Tradition. Aber wir werden dem Stand der Jungfräulichkeit nicht gerecht, wenn wir ihn nur negativ definieren: als sexuelle Enthaltsamkeit und Absage an die Welt und die irdische Geschlechterliebe. Den eigentlich heiligen Status erreicht diese Haltung erst in ihrer positiven Bestimmung, nämlich als unmittelbare und ausschließliche Hingabe an Gott. So haben Priesterinnen und Priester schon in vielen alten Religionen in der asketischen Lebensführung nicht so sehr den Verzicht auf irdische Freuden gesehen als vielmehr den Gewinn himmlischer, göttlicher Participation mystique. Im Christentum gewinnt die Jungfräulichkeit als gottesdienstliche Haltung eine ganz besondere Bedeutung, denn Jesus Christus selbst bestätigt ausdrücklich, daß es partnerschaftlichen und sexuellen Verzicht („Verschnittenheit") nicht nur aus biologischem Unvermögen oder tragischem Schicksal gibt, sondern auch als eigene Leistung in freiwilliger Hingabe „um des Himmelreiches willen".

Wer es fassen kann, der fasse es, so fügt er diesem Hinweis an (Matth. 19:12). Und viele – Paulus allen voran – haben es in *christlicher Askese* zu fassen gesucht und damit anstelle der irdischen Unio mystica der Geschlechtsliebe den einsamen und direkten Weg zu Gott. Denn da in Ihm selbst das Männliche und das Weibliche von Anbeginn ruhen, kann es auch diesen *asketischen Weg einer Heimkehr* zu Vater und Mutter, zum göttlichen Elternhaus geben. Die Anverlobung der Nonnen an den himmlischen Bräutigam zeigt aber ebenso wie die hohe Marienmystik der Mönche, daß eine letzte Essenz der Geschlechterpolarität und ihrer Spannung gleichnishaft auch noch im Raum der „Verschnittenheit um des Himmelreiches willen" erkennbar bleibt. Denn Gott will nicht, „daß der Mensch allein sei" – am wenigsten auf dem Wege zur Wiedervereinigung mit ihm. Es kommt niemand zum Vater denn durch mich:

Das klingt zwar fast, als würde Christus hier die Mittlerrolle der Liebenden aneinander zurückweisen und eine unübersteigbare Hürde zwischen ihnen errichten, aber dieses Wort kann doch nur ein Hinweis darauf sein, daß die erstrebte Vereinigung mit Gott – ob der Mensch sie zu zweit oder allein erlangt – sich in jedem Fall in der Begegnung mit seinem Sohn vollziehen wird.

So ist *Christus* selbst also nicht nur der himmlische Bräutigam und der göttliche Geliebte jungfräulicher Nonnen, sondern auch und zugleich dem einsam-asketischen männlichen Zölibatär ein menschlich-göttliches Gegenüber, ein *Retter des Leibes,* wie Paulus ihn nennt (Eph. 5:32). Denn Christus selbst ist es ja, der von dem Mysterium des Männlich-Weiblichen spricht und vom Mann und der Frau, die „Gott zusammengefügt hat und die der Mensch nicht trennen soll", der damit also die liebende Einheit der „Unverschnittenen" voll gelten läßt als einen Weg, der durch ihn zum Vater führt. Wenn wir im Ohr haben, wie Gottvater als Schöpfer forderte: „Dafür wird einer Vater und Mutter verlassen und seinem Weibe anhangen, und sie werden ein Fleisch sein", dann klingt die Forderung Jesu an die Seinen sehr ähnlich: „Wer Vater und Mutter mehr liebt als mich, ist meiner nicht wert" (Matth. 10:37). Und doch kann das nicht heißen, daß Christus hier den alten Weg des Fleisches auflöst und einen neuen an seine Stelle setzt, also sich selbst an die Stelle des Weibes als den, dem allein nun anzuhangen wäre. Denn er ist nicht gekommen, das alte Gesetz aufzulösen; er hat es oft gesagt. Im Hinblick auf das Eine Fleisch hat er dieses Gesetz sogar selbst und vollmächtig neu eingesetzt (Matth. 19). Und er „erfüllt" es, füllt es mit neuem Leben, mit neuem Geist, mit neuer – nämlich mit *seiner* – Liebe. Er selbst ist ja Gott; mag er als Jesus von Nazareth ein Mann sein, als Sohn Gottes ist er im heiligen Stand der Dreifaltigkeit selbst ein Ausdruck der beide Geschlechter umfassenden göttlichen Einheit.

Das ist gewiß nicht einzusehen, das Geheimnis ist groß. Aber der Glaube hat seine größte Stärke und seinen hellsten Glanz in der demütigen Ergebung in das Uneinsichtige. Ct ristus ist keine Zwittergestalt. Das wäre jämmerliche biologische Unterschätzung der Wirklichkeit. Aber er ist der *vollkommene Mensch:* Ohne Sündenfall ist er „wie Gott“, ist das Männliche *und* das Weibliche, ist die „gelungene Individuation von Animus *und* Anima“ (wie es Hanna Wolff nennt), ist *selbst* die Unio mystica, in der sich der Frieden der Schöpfung wieder herstellt in der Sabbathruhe des „Es ist vollbracht!“. Der Seher Jakob Böhme hat diese göttliche Einheit der zwei in einem Fleisch gemeint, wenn er Christus die „männliche Jungfrau“ nannte, die „wahre Braut“ und den „wahren Bräutigam“ für alle Menschen.

Mit der Verklärung des Jesus zum Christus, zum Heiland der Welt, ist alles anders geworden. Er hat *alles neu* gemacht, auch und vor allem uns. Er steht nun am anderen Ufer, zu dem die Wiedervereinigung des Getrennten die Liebenden trägt, er wartet dort auf *alle,* ob diese nun einzeln kommen in der Passion ihrer Einsamkeit oder zu zweit in der Passion ihrer Liebe, um sie alle weiterzuführen zum himmlischen Vaterhaus. Dieser Vater selbst war es ja, der dem Menschen den „Gehilfen“ zur Seite stellte und so die Liebe der Geschlechter in seiner Schöpfung einsetzte. Mann und Frau dürfen – wenn Gott ihnen die Gnade und das Sakrament dieses Auftrages schenkt – einander solche Gehilfen sein. Einmal aber wird auch für sie der Auftrag enden, den sie als Mann und Frau aneinander und miteinander hatten. Einmal – und sei es erst im Tode – wird mit dem Fleisch auch das Einssein im Fleische enden und sich in letzter Klärung oberhalb des Feldes der Geschlechterspannung wandeln in das Nebeneinander von *Bruder* und *Schwester* und ihr Einssein mit Gott. Doch die Liebe wird nicht enden, sondern in Christus, dem verklärten, letzten Adam, ist für alle (für die einander Liebenden wie für die des einsamen Weges) der Gehilfe bereit, der sie zuletzt von allen Sündenfällen erlöst, annimmt und weiterleitet in die ewige Heimat, aus der für jeden einzelnen von uns die Frohe Botschaft des Vaters erklingt: „Ich habe dich eh und je geliebt!"

Liebe, die die Welt erlöst

Der Sieg über Zeit und Tod

So ist nun die Liebe des Gesetzes Erfüllung. Rö. 13:10

Ein letzter Ansatz soll uns nochmals weit hinaustragen über das bisher Erreichte an Einsicht in die Theologie der Sexualität und Liebe. Denn es gilt, sich einer letzten Frage zu stellen und eine letzte Illusion auszuräumen, nämlich die des „Füreinanderbestimmtseins". Sie gilt manchen als romantisch, als eine gefühlvoll im Bereich subjektiver Emotionen überhöhte Ekstase der Liebe, die der nüchternen Betrachtung zu weichen hat, wenn es Ernst wird mit der Suche nach letzter Wahrheit. Zwar hat uns der Gang unserer Betrachtung von Schritt zu Schritt sicherer gemacht in der Gewißheit, daß uns in der Wiedervereinigung des Getrennten *mehr* als illusionäre Romantik, nämlich die Nüchternheit der Wirklichkeit selbst, begegnet, aber dennoch: Es bleibt ein Ansatz zu kritischer Reserve gerade dort, wo Wahrheit sich als schön und beglückend erweist. Liegt unter solchem strahlenden Kleid nicht vielleicht doch ein Kern von Selbstbetrug und frommer Täuschung? Erhöhen wir die Liebe, um uns selbst zu erhöhen?

Denn dies bleibt zu bedenken: Sollten wirklich in der Unio mystica die von Anfang an füreinander Bestimmten – sie und *nur* sie – einander finden, was ist dann mit denen, deren einzig möglicher Partner vor solcher Begegnung starb? Warum hinterläßt dann nicht jeder junge Tote eine nicht zu schließende Lücke im Lebensschicksal eines anderen – eben des für ihn Bestimmten? Und warum gibt es große Liebe oft auch bei Paaren, die kein geheimes Wissen um ihre Bestimmung zueinander führte, sondern die elterliche Fürsorge oder die praktische Vernunft, ja sogar das, was sie selbst nicht anders denn als „Zufall" bezeichnen werden und aus dem erst allmählich die Liebe erwuchs? Warum kann ein Mensch mehrfach lieben, wenn doch nur *ein* möglicher Partner letzter Erfüllung in der Wiedervereinigung des Getrennten auf ihn wartet, wieso gibt es die „unglückliche" Liebe, also die nicht erwiderte, die doch – wie es Solowjew eindringlich betonte – voll in den Bereich der reifen und höchsten Liebesfähigkeit hereinreicht? Und wieso schließlich gibt es den einsamen Weg des Verzichts auf liebende Vereinigung?

□ Eine kühne Lösung drängt sich hier auf: die der wiederholten Erdenleben, der karmischen Bezüge durch Ketten von *Reinkarnationen* und der daher schicksalhaften Wiederbegegnungen oder Meidungen. Gnostische Mysterienweisheit ist sich mit uralter indischer Tradition und der modernen Anthroposophie darin einig, daß die Wiedergeburt für die Erklärung zwischenmenschlicher Beziehungen in Betracht gezogen werden müsse. Es gibt keine naturwissenschaftliche oder philosophische Möglichkeit, solche Zusammenhänge schlichtweg zu leugnen, vielmehr ist gerade die moderne Naturwissenschaft heute sehr vorsichtig geworden mit dem eindeutigen „Es gibt nicht!" und verbleibt zunehmend im Bereich demütiger Einsicht in ihre Grenzen. Andererseits ist nicht zu übersehen, daß in der biblischen Offenbarung jeder fraglos eindeutige Hinweis auf Reinkarnation fehlt, so daß sie – um hier ein Äußerstes zuzugestehen – auch nach Christi Willen im Bereich einer Geheimlehre verbleibt, bei der es der mündigen Freiheit einzelner Eingeweihter vorbehalten ist, tiefer in die Welt hineinzusehen, als es den gewöhnlichen, irdischen Augen möglich ist.
Rudolf Steiner als moderner Eingeweihter dieser Geheimlehre warnte energisch davor, solche Einsichten als spekulative Konstruktion zu mißbrauchen, indem man

in ihr alle Schwierigkeiten des gegenwärtigen Lebens im Sinne einer nur aus dem Vorleben her möglichen Deutung als gelöst betrachtet. Die schicksalmäßige Einmaligkeit und Unumkehrbarkeit der menschlichen Existenz dürfen nicht zu der gefährlichen Illusion einer existentiellen Vielschichtigkeit verdünnt werden, damit wir nicht mit dem Blick auf eine (von Gott gewiß nicht ohne Absicht unserem direkten Zugriff entzogene) Vergangenheit die notwendigen Lebenskräfte aus der Gegenwart abziehen. Sollte es für uns das Schicksal des wiederholten Erdenlebens geben – Pythagoras schon war überzeugt davon –, so muß doch selbst hier die Mahnung Goethes gelten, daß „alles Vergängliche nur ein Gleichnis" ist. Es kann also selbst das sichere Gefühl zweier Liebender, „in abgelebten Zeiten" schon ein Paar gewesen zu sein, den Schleier des Gleichnishaften nicht durchdringen, und es ist das Geheimnis der Liebe selbst, das hier verschleiert bleibt.

Wendet man sich in diesem Sinne – mit demütiger Ehrfurcht vor dem Einweihungswissen großer Geister der Menschheit – dem Gedanken der Reinkarnation zu, so kann er uns allerdings eine Gewißheit unmittelbar vermitteln, weil sie als tröstliche Botschaft aus dem Gleichnis abzuleiten ist: Menschliche Ebenbildlichkeit steht *über der Zeit,* und unser starres, leidendes Verhältnis des Eingespanntseins in die Dimension einer Existenz, die von der Vergangenheit und von der Zukunft tragisch begrenzt ist, wird nicht der *ganzen* Wahrheit eines Lebewesens gerecht, in dem der vergängliche Lehm und der unvergängliche Atem Gottes sich zur Lebendigkeit vereinten. *Unvergänglichkeit* – für die selbst tausend Erdenleben ein unvollkommenes Gleichnis wären – steht neben der Vergänglichkeit unseres irdischen Seins. Beide zusammen erst bilden das Ganze der menschlichen Existenz. Weil dies so ist, kann uns bei der Frage nach der Wiedervereinigung des Getrennten auch die Erwägung der Reinkarnation nicht letzte Antwort sein, denn es geht nicht um die Länge der Wegstrecke und um die Zahl ihrer Stationen, sondern um die gezielten Ausrichtungen dieser Lebenswege, in denen Gott zwei Menschen aufeinander zuführt. Sich auf dieser Strecke *einmal* zu begegnen ist daher nicht weniger wunderbar, als es die hundertfache Begegnung in hundert Inkarnationen der Existenz wäre, sondern es bleibt bei dem gleichen großen Staunen über die Absicht Gottes, die von den Liebenden in ihrer Begegnung gespürt und als Gewißheit erfahren wird.

□ Wo uns selbst der kühne Gedanke der Reinkarnation nicht weiterbringt, müssen wir einen noch kühneren wagen, der unseren ganzen Mut erfordert. Da wäre zunächst einzusehen, daß in der Begegnung von Liebenden *nicht von vornherein* in der biographischen Wirklichkeit ein solches Füreinanderbestimmtsein vorlag, jedenfalls kein personales, das über die allgemeine Anziehung der Geschlechter hinausging, in der sich zwei Bruchstücke Gottes, zwei Funken eines sprühenden Feuerregens zusammenfassen. Daraus würde folgen: Erst in der Begegnung selbst, im Mysterium der Unio mystica, erfolgt diese endgültige Zuschreibung der beiden Partner, so daß also die wiedergefundene Eva *nun erst* zu Adams Rippe wird. Und dies nicht nur „von jetzt an bis in alle Ewigkeit", sondern auch in *rückwirkender Neuordnung.*

Gott als allmächtiger Herr der Zeit ist nicht wie wir an ihre Ablaufrichtung gebunden. Er kann ja nicht nur aus dem Nichts schaffen (bara), aus dem Nichtsein in das Sein heben und damit die Zeit selbst als Diener des Seins einsetzen, sondern er kann im Vergeben auch Schuld ins Nichts zurückverweisen (salach) – im „Ungeschehen machen", das einem Faktum das Sein wieder entzieht und die dienende Zeit gewissermaßen zurückruft. *Dies* muß der tiefste Kern des all unsere Fassung übersteigenden Geschehens des Gerissenseins in der Unio mystica der vollen Einswerdung sein (und damit der innerste Kern der Theologie der Sexualität): daß Gott in ihr für zwei Menschen im Durchgang durch eine erschaudernde Gegenwart nicht nur ihre gesamte Zukunft, sondern auch ihre gesamte Vergangenheit *neu ordnet.* Nun erst, „in jenem sel'gen Augenblick", wird durch Ihn die biographische Vergangenheit des „Von Anfang an füreinander bestimmt" geschaffen und als Gnade geschenkt, ebenso wie das „Von nun an bis in alle Ewigkeit"!

Gott ist nicht der Zeit untertan, sondern sie ihm. Dies muß gelten, auch wenn wir es logisch nicht begreifen können. (Was überhaupt von dem, was Gottes Wirken betrifft, hätten wir schon begriffen?) Wir erfahren es im Tempelbezirk der Unio mystica, wir erleben es in solcher biographischen Gegenwart, wie unsere Zukunft und unsere Vergangenheit neu geordnet werden. Und nun sehen wir im Rückblick als neue Wahrheit im Gewande einer alten Gewißheit, was wir vorher in der Tat nicht sehen konnten, weil es noch gar nicht bestand: Wir wurden füreinander erschaffen. Wir könnten es auch anders ausdrücken: In der seligen Gegenwart der Unio mystica – aber eben jetzt erst – wurden wir durch Gott füreinander erschaffen, wurden zu den beiden Teilen, die wie Rippe und geöffneter Brustkorb *so und nur so* zum heilen und heiligen Ganzen werden.

Eine schwere Zumutung für unseren Verstand, aber geht er nicht sowieso in der Liebe verloren, um neu gefunden zu werden? Sollte nicht die Liebe uns in den Stand versetzen, Gott (der die Liebe ist) endgültig mehr zu trauen als unserem Verstand, der nur eine Krücke ist, die wir benötigen, bis uns Flügel gewachsen sind? Die alten Juden sagten in der Weisheit ihrer Väter: Die

Seele des Gerechten ist im seligen Tode so leicht aus dem Körper zu ziehen wie ein Haar aus der Milch. Nur wer sich sperrt gegen den Tod, wird zerren müssen im schmerzhaften Prozeß, der die Seele wie einen Dorn, im Ziegenfell hakend, nicht aus dem Körper freilassen will. So leicht – wie wir ein Haar aus der Milch nehmen – sollte es Gott sein, die Schicksalsfäden zweier Liebender aus dem Teppich der Geschichte (des bereits Geschehenen) herauszuziehen und neu und anders zu ordnen. Hingen diese Fäden eben noch locker und führten aus ganz verschiedenen Teilen des Gewebes zu dem einen Knoten hin, in dem sie sich begegnen und der sie nun umschlingend vereint, so kann Gott – und das ist die Gnade, die Er allein den Liebenden gewährt – sie neu und anders ordnen und bis zum Anfang zurück fest nebeneinanderlegen. Blicken *wir* dann zurück, so sind sie nun tatsächlich, in der von Gott geschaffenen Zeit und Wahrheit, parallel *von Anfang an.* Aber es war Gottes Gnade und sein biographischer Eingriff, der dieses „Von Anfang an" in einem späteren Augenblick herstellte.

□ Aber auch das Glück solcher durch Gott parallel gefügten Schicksalsfäden kann nicht Selbstzweck der Liebe sein und nicht letzte Seligkeit, ja nicht einmal der *unbedingte* Weg zu ihr. Es gibt nicht nur daneben *auch* den „einsamen Weg", sondern letztlich gehen ihn selbst die Liebenden, wenn auch in der tröstlichen Wanderschaft zu zweit. An *jeden einzelnen* ist ja mitten auf dem Wege im Fleisch zugleich der Ruf aus dem Geist gerichtet, der mahnende Ruf Gottes: „Adam, wo bist du?", der ihn in die Verantwortung beruft. So ist auch die Wiedervereinigung eines liebenden Menschenpaares auf diesem Wege *nur ein Gleichnis* für das letzte Ziel der Wiedervereinigung des Menschen mit Gott. Auf dem Wege dieser irdischen Pilgerschaft befindet sich auch der Einsame, dem kein Gehilfe beigegeben wurde – vor allem auch der, dessen bewußter Verzicht auf die Möglichkeit solcher irdischen Unio mystica im Eifer der direkten, zielgeraden Hinwendung zu Gott als Opfer dargebracht wird. Erst am Ziel wird deutlich werden, ob jene „Verschnittenen um des Himmelreichs willen" nicht sogar schneller und direkter, wenn auch einsam, den Punkt Omega erreichen, zu dem es den liebenden Paaren in der Zwei-Einheit ihres „Fleisches" so leicht gemacht wurde. Aber die *Liebe* ist allen aufgetragen, den Einsamen und den Zweisamen, die Liebe in ihrer allgemeinen Form, die die Welt erlöst. Von dieser *Agape* darf zwar die erotische, die von der sexuellen Spannung eines liebenden Menschenpaares lebt, gewiß nicht ausgeschlossen werden, aber zu ihr gehören darüber hinaus alle Formen von *Nächstenliebe* – die zum Kind, zum Bruder, zur Schwester, zum Nächsten –, und zwar in der Rangfolge der uneigennützigen Hingabe, die sich in ihr verwirklicht. Liebe, die die Welt erlöst, das ist *jede* Form echter, sich verströmender und von der Sehnsucht nach Erfüllung in der Einheit mit Gott und seiner Schöpfung getragener Menschenliebe.

Für die Liebe in *allen* ihrer Formen gilt, daß sie Gottes verwandelnde, über der Zeit stehende Heilskraft anzieht. In der Unio mystica mit Gott selbst, wie sie spätestens im *Tode* erfolgt, wird er („und zwar plötzlich, in einem Augenblick") die Lebensfäden eines jeden von uns auf sich hinziehen, und unsere Seligkeit wird sein, daß sie nun durch seinen Eingriff von Anfang an und bis in alle Ewigkeit zu ihm hingeordnet sind. Unsere Erwartung vom „Ewigen Leben" bedeutete ja dies, daß wir *nun* erfahren (weil es nun rückwirkend ewige Wahrheit wird), daß wir von Anfang an seine Kinder waren und daß unsere Sünden uns nie von ihm trennen konnten, weil Christus unser Leben als Erlöser, rückwärts und vorwärts wirkend, in Ordnung gebracht hat. Im Umgang mit der Zeit – seinem Geschöpf des ersten Schöpfungstages – kann uns der Herr der Geschichte die *Wiederkehr Christi* schenken in jedem Augenblick; denn in dieser Begegnung mit dem, „der da ist und der da war und der da kommt" (Apk. 1:4), verlieren die Begriffe Vergangenheit, Gegenwart und Zukunft ihre Bedeutung. Schöpfung und Fall, Apokalypse und Erlösung, Himmelfahrt und Wiederkehr Christi, Leben und Sterben eines jeden von uns – Gott machte „alles zugleich" (Jes. Sir. 18:1 – Deus creavit omnia simul), und im *Tod,* der unsere Wiedervereinigung mit Gottes Liebe ist, werden wir daher *alles zugleich* – und das heißt: den Sieg über Zeit und Tod – erfahren dürfen.

Denn Liebe ist *stärker als der Tod.* Diese Gewißheit ist der tiefste Kern jeder Liebessehnsucht und des Gerissenseins in der Seligkeit des Liebens. Mit der rückwirkenden Neuordnung der Lebensfäden, die Gott in dieser Unio mystica gewährt, wird auch erkennbar, was oberhalb jeder personalen Begegnung zweier Ich die *kosmische* Dimension der Liebe ausmacht: In ihr wird der Tod als zeitliches Ende unseres Seins überwunden, ja er wird mit Leichtigkeit überflogen: „Tod, wo ist dein Stachel?"

Wir hatten schon erkannt: Erst der Eintritt des Todes in das zunächst todlose Sein der Urbilder – die Folge des Sündenfalls – hatte die Fortpflanzung als die ihn kompensierende Gnadengabe Gottes nötig gemacht und der Sexualität den neuen, ihr ursprünglich ganz wesensfremden Dienst der Zeugung von Leben angewiesen. Wo aber Gott die absolute Einheit mit Ihm wiedergewährt, wo also die *Wiedervereinigung des Getrennten* vor allem die des Menschen *mit Gott* bedeutet, da wird in rückwirkender Neuordnung der Heilsgeschichte, in totaler Vergebung der Sünden durch Christus, auch die *Erbsünde vergeben!* Das aber heißt, daß die Trennung von Gott *durch Gott* ungeschehen gemacht wird und daß damit der Tod seine Macht über den Menschen verliert. Nun reicht Gott *freiwillig* dem Menschen die Früchte aus dem Garten Eden: „Dem Sieger werde ich zu essen geben vom *Baum des Lebens,* der im Paradies Gottes steht!" (Apk. 2:7).

Zeugung und Tod, die sich kompensierenden und die Welt des irdischen Lebens in der Waage haltenden Folgen des Ungehorsams und der Vertreibung, treten nun in den Schatten zurück als gehorsame Diener Gottes, deren Dienst nicht mehr benötigt wird. Gläubige Herzen haben es immer gewußt, daß mit Christus die Liebe ihr Erlösungswerk an der gefallenen Welt beginnt und daß es sich in allen Liebenden in seinem Auftrag und in seiner Nachfolge fortsetzt. „Heut schleußt er wieder auf die Tür zum schönen Paradeis", so heißt es in einem frommen Weihnachtslied von N. Hermann, das gläubige Christen seit mehr als 400 Jahren singen, „der Cherub steht nicht mehr dafür, Gott sei Lob, Ehr und Preis!"

So ist nun die Liebe des Gesetzes Erfüllung, und die Liebe, die Paulus hier meint, ist die *aller* Menschen zueinander. Diese Liebe macht nicht blind, sie ist auch nicht romantisch-versponnen, sondern sie ist klar und hellsichtig. Liebend sehen wir den anderen Menschen, wie er gemeint ist und wie er sein soll. Wir erkennen ihn als einen Funken, der bei der Erschaffung des Menschen in Gottes heiligem Feuersturm aufstob, um sich mit anderen in seliger Wiedervereinigung zu begegnen. Liebend erkennen wir uns nicht so, wie wir im geschichtlichen Verlauf durch eigenes Wirken wurden, sondern so, wie wir nach Gottes Willen in der Vergangenheit, Gegenwart und Zukunft zurechtgebracht wurden und daher – oberhalb jeder menschlichen Freiheit des Auch-anders-Könnens, aufgehoben in Seiner Liebe – gemäß Seinem Wort, dem Logos Jesus Christus, in todloser Ewigkeit sein sollen und sein dürfen.

So also wird die Liebe die Welt erlösen – in allen Dimensionen stimmt diese Verheißung, in jeder personalen Wiedervereinigung des Getrennten zur liebenden Einheit mit Gott. Jeder Liebende wirkt daher durch den Gnadenprozeß, der in seiner Unio mystica ausgelöst wird, an der *Heilsgeschichte* mit, denn in ihm heiligt Gott ein Stück der Vergangenheit. In seiner Liebe wird ein Stück Vergangenheit „bewältigt" (heute ein dummes Modewort, doch in diesem Zusammenhang eine zutreffende Einsicht), wird einer der Risse geheilt, den der Kosmos seit dem Sündenfall trägt, wird der Tod aufgehoben. Liebe – und zwar in *jeder* Form, nicht nur als die der Geschlechter – ruft Gottes Heil auch in die Vergangenheit, auch in die Finsternis, die das Licht nicht begriff, so daß sie es *doch noch* begreift und der seit der Vertreibung aus dem Paradies zurückgelegte Weg der Menschheit kürzer wird. Wie sollte Gott nicht souverän mit der Dimension Zeit umgehen können, wie sollte er nicht das Paradies von beiden Seiten her – aus der Vergangenheit und aus der Zukunft – näher an uns heranrücken können?
So löst sich auch das Apokryphon von Christus, der seine Jünger erwählte, „bevor die Welt gegründet war". Wir dürfen dies als Tat göttlicher Liebe verstehen: Jesus erwählte seine Jünger und ordnete deren Zukunft ebenso neu wie ihre Vergangenheit, er ergriff sie rückwirkend bis hinter den Anfang der Welt. So groß kann die „Ergriffenheit" in der Liebe sein!
Der Mensch als freier Mitarbeiter Gottes schafft also in Verbindung mit Ihm nicht nur in der Gegenwart und für die Zukunft, sondern auch rückgewendet in die Vergangenheit hinein. Erhalten vielleicht darum die Arbeiter im Weingarten des Herrn, die erst „spät" kamen, den gleichen Lohn wie die anderen, eben weil sich erst am Ende und vor dem Angesicht des Auftraggebers erweist, wieviel einer, vorwärts *und* rückwärts wirkend,

gearbeitet hat? Es geht für uns als liebende Arbeiter im Weingarten des Herrn um die Beackerung des Feldes der Zeit nach *allen* Richtungen hin.

Vor allem aber in der liebenden Zuwendung Christi zum Schächer am Kreuz sehen wir die absolute, den Tod überwindende Macht dieser rückgewendeten Gnadenwirkung der Liebe Gottes. „*Heute noch*" mit ihm im Paradies, das muß heißen, daß dem Mörder seine Untaten nicht nur verziehen, sondern daß sie ungeschehen gemacht und ebenso annulliert werden wie sein bevorstehender Tod. Denn kein Sünder kommt ins Paradies, wohl aber einer, der einmal ein Sünder war, über den nun aber der Tod seine Macht verloren hat, so daß er es durch Gottes Gnade nicht mehr ist (und damit zugleich niemals war). Für die Menschen seiner Umgebung und ihr einsinniges Zeitverständnis bleibt er der Mörder – daher wird er durch sie den Tod erleiden. Vor Gott und sich selbst aber wird er gewandelt zum Nichtmörder, zum Nichttoten, zum Neuen Menschen, dem Gott nicht nur die Zukunft, sondern auch eine neue Vergangenheit schenkt. Dürfen wir sagen, das könne Gott nicht, nur weil unser Vorstellungsvermögen es nicht begreift?

Es ist wie mit dem Schmetterling, der aus der plumpen Hülle schlüpft – uraltes Bild letzter seelischer Wandlung: Er war einmal eine Raupe und ist es doch nicht, ist vielmehr ein völlig neues Wesen, das mit der alten Hülle die Vergangenheit abstreifte und den Tod besiegte, um in einer neuen Gegenwart in eine neue Zukunft zu fliegen und damit zugleich eine neue Vergangenheit zu gründen. In der Sexualität – in der schicksalhaften Bezogenheit beider Seinsweisen des Menschen auf die Erfüllung in der Einheit – wird diese rückwirkende Kraft der Erneuerung angelegt, und daher schimmert durch die Unio mystica eines liebenden Paares der Glanz der von ihren Wunden geheilten, paradiesischen

Vergangenheit so deutlich wie durch die einsamen Entzückungen eines einzelnen in seiner unmittelbaren Unio mystica mit Gott.
Liebe überwindet die Zeit und den Tod – unsere geschlechtliche Halbheit schafft ein Spannungsfeld, in dem jeder einzelne in Demut zum Mitarbeiter an Gottes Schöpfung, zum späten, aber in allen Dimensionen der Zeit wirksamen Täter im Weingarten des Herren werden darf.

Literaturverzeichnis

(enthält nur die Quellenangaben der im Text zitierten oder erwähnten Autoren, also nur einen kleinen Teil des insgesamt verwendeten Schrifttums)

Baader, Fr. v.: zitiert nach *Benz,* E.: Adam, der Mythus des Urmenschen. - O. W. Barth, München 1955

Bachofen, J. J.: Das Mutterrecht (1861), Ges. Werke Bd. II u. III. - Schwabe, Basel 1948

Benz, E.: Adam, der Mythus vom Urmenschen. - O. W. Barth, München 1955

Berdjajew, N.: zitiert nach *Benz,* E. - s. dort

Böhme, J.: zitiert nach *Benz,* E. - s. dort

Ebertz, O.: Vom Wesen der Geschlechterliebe oder Androgyne Erotologie. - Hochland 1929/30, S. 289-309

Ebertz, O.: Das Zweigeschlechterwesen. - Hochland 1930/31, S. 402-420

Ebertz, O.: Sophia und Logos oder Die Philosophie der Wiederherstellung. - Rombach, Freiburg 1976

Freud, S.: Jenseits des Lustprinzips. - 1920

Gebser, J.: Ursprung und Gegenwart (1949). - dtv, Stuttgart 1953

Hartmann, M.: Die Sexualität. - Fischer, Jena 1943

Illies, J.: Schöpfung oder Evolution. - Texte & Thesen Nr. 121, Interfrom, Zürich, Osnabrück 1979

Julius, F. H.: Das Tier zwischen Mensch und Kosmos. - Freies Geistesleben, Stuttgart 1970

Lorenz, K.: Das sogenannte Böse. - B. Schöler, Wien 1943

Meves, Chr.: Ehe-Alphabet. - Herderbücherei Nr. 485, Herder, Freiburg 1973

Morris, D.: Der nackte Affe. - Drömer/Knauer, München/Zürich 1968

Morris, D.: Der Menschenzoo. - Drömer/Knauer, München/Zürich 1969

Portmann, A.: Die Tiergestalt (1948). - Herderbücherei Nr. 240, Herder, Freiburg 1965

Schubart, W.: Religion und Eros. - Beck, München 1966

Solowjew, W.: Der Sinn der Geschlechtsliebe. - 1892

Spranger, E.: Die Psychologie des Jugendalters. - Berlin 1924

Swedenborg, E.: zitiert nach *Benz.,* E. - s. dort

Wolff, H.: Jesus der Mann. - Radius, Stuttgart 1979

Vom Verfasser erschienen in TEXTE + THESEN:

Joachim Illies

Nicht Tier – nicht Engel

Der Mensch zwischen
Natur und Kultur

TEXTE + THESEN Band 59
70 Seiten · DM 9,– / Fr. 9,–

Joachim Illies

Adolf Portmann, Jean Gebser, Johann Bachofen

Drei Kulturforscher –
drei Bilder vom Menschen

TEXTE + THESEN Band 67
90 Seiten · DM 9,– / Fr. 9,–

Joachim Illies

Der Mensch in der Schöpfung

Ein Naturwissenschaftler
liest die Bibel

TEXTE + THESEN Band 88
120 Seiten · DM 9,– / Fr. 9,–

Joachim Illies

Schöpfung oder Evolution

Ein Naturwissenschaftler
zur Menschwerdung

TEXTE + THESEN Band 121
120 Seiten · DM 9,– / Fr. 9,–

TEXTE + THESEN

GESAMTVERZEICHNIS

40 Otto B. Roegele,
Medienpolitik – und wie man sie macht

41 Rudolf Rohlinger,
Die überschätzte Kamera. Fernsehen – nahbesehen

42 Peter Coulmas,
Radio ohne Zukunft? Wiederkehr und Wandel eines Mediums

43 Otto B. Roegele, Hrsg.,
Das dritte Alter. Abgeschrieben oder aufgewertet?

44 Josef Hitpass
Radikale Minderheit – Schweigende Mehrheit

45 Heinz Pentzlin,
Die Kinder des Wohlstands

46 Horst Jürgen Helle,
Familie – Zwischen Bibel und Kinsey-Report

49 Heinz-Dietrich Ortlieb,
Vom Volkskapitalismus zur Playboy-Demokratie

50 Hans Schaffner,
Die Multinationalen – Ausbeuter oder Triebkraft der Weltwirtschaft?

51 Erwin K. Scheuch,
Kulturintelligenz als Machtfaktor

52 Wolfgang Längsfeld,
Ästhetik im Alltag

53 Botho Kirsch,
Kalter Friede – was nun? Die Konfliktstrategie der Sowjets

56 Werner Betz,
Aufs Maul geschaut. Deutsch – wie es wurde und wirkt

57 Theo M. Loch,
Interdependenzen. Wer hängt von wem ab?

58 Hans Speier, Witz und Politik. Essay über die Macht und das Lachen

59 Joachim Illies, Nicht Tier, nicht Engel. Der Mensch zwischen Natur und Kultur

60 Kurt Reumann, Blick ins Innere: Berichte von der akademischen Front

61 Friedr. Graf v. Westphalen, Wird die Justiz unterwandert?

62 Guido Fischer, Der Betrieb: Institution menschlicher Ordnung

63 Hermann Boventer,
Gebt uns die totale Schule. Pädagogik als Allmachtstraum

64 Franz Aschinger,
Welt ohne Geldsystem?

65 Michael Braunfels,
Die Krankheit der verwalteten Musik

66 Werner Betz,
Sprachkritik – Das Wort zwischen Kommunikation und Manipulation

67 Joachim Illies,
Adolf Portmann,
Jean Gebser,
Johann Bachofen.
Drei Kulturforscher – Drei Bilder vom Menschen

68 Hermann Lübbe,
Unsere stille Kulturrevolution

69 Hans Maier, Hrsg.,
Denkmalschutz. Internationale Probleme – Nationale Projekte

70 Hanno Helbling,
Dauerhaftes Provisorium – Kirche aus der Sicht eines Weltchristen

71 Otto Gritschneder, Für Seelenschmerz bezahlen ... Aufsehenerregende Gerichtsfälle

72 Willi Schickling, Rückwärts mit dem Fortschritt: Wieviel Experimente verträgt die Wirtschaft?

73 Pascual Jordan, Aufbruch zur Vernunft. Ein Naturforscher zur deutschen Besinnung

74 Heinz-Dietrich Ortlieb, Was wird aus Afrika? Rassismus · Neokolonialismus · Entwicklungshilfe

75 Max Müller, Sinn-Deutungen der Geschichte

76 Alfons Rosenberg, W. A. Mozart – Der verborgene Abgrund

77 N. Lobkowicz/A. Hertz, Am Ende aller Religion?

78 W. Kerber, Hrsg., Wohlstands-Kriminalität. Die neue Herausforderung

79 Dalma, Rovan, Vermehren, Razumovsky, Ramseier, Euro-Kommunismus

80 Hans Maier, Sprache und Politik. Essay über aktuelle Tendenzen – Briefdialog mit Heinrich Böll

81 Christa Meves, Antrieb – Charakter – Erziehung. Werden wir ein Volk von Neurotikern?

82 O. B. Roegele/ H. Beckmann, Warum unsere Kirchen leerer werden ...

83 Gerhard Wettig, Der Kampf um die freie Nachricht

84 Hermann Lübbe, Wissenschaftspolitik. Planung · Politisierung · Relevanz

85 Heinz Pentzlin, Arbeitslos – Los der Zukunft?

86 A. Hegelheimer/M. Zöller, Wider die kranke Reform: Ordnungspolitik für Bildungswesen und Arbeitsmarkt

87 Gerhard Schult, Fernsehprogramme – Programmiertes Fernsehen?

88 Joachim Illies, Der Mensch in der Schöpfung. Ein Naturwissenschaftler liest die Bibel

89 Peter Opitz, Chinas Außenpolitik. Ideologische Prinzipien – strategische Konzepte

90 Heinz Maier-Leibnitz, An der Grenze zum Neuen. Rollenverteilung zwischen Forschern und Politikern in der Gesellschaft

91 Dominik Jost, Die Wirklichkeit des Dichters

92 Willy Zeller, Die unvollendete Union. Qualitätsmängel der Europäischen Gemeinschaft

93 Heinrich Oberreuter, Kann der Parlamentarismus überleben?

94 Hanno Helbling, Hrsg., Religionsfreiheit im 20. Jahrhundert

96 Hatto Schmitt, Vademecum für empörte Eltern

97 Werner Betz,
Verändert Sprache die Welt? Semantik, Politik und Manipulation

98 Rudolf Ströbinger,
Anatomie eines Staatsstreichs. Wege zur neuen Weltrevolution

99 O. B. Roegele,
Was wird aus dem gedruckten Wort?

100 TEXTE + THESEN + SOTTISEN,
Jubiläumsausgabe

101 Nikolaus Lobkowicz,
Marxismus und Machtergreifung. Der kommunistische Weg zur Herrschaft

102 Elisabeth Noelle-Neumann,
Werden wir alle Proletarier? Wertewandel in unserer Gesellschaft

103 Friedrich Karl Fromme,
Der Parlamentarier – ein Freier Beruf? Gemeinwohl · Bindung · Unabhängigkeit

104 Horst Wetterling,
Die Schule als Lernfabrik. Wie unsere Kinder abgerichtet werden

105 Heinz-Dietrich Ortlieb,
Vom totalitären Staat zum totalen Egoismus.

106 Gertrud Höhler,
Gesinnungskonkurrenz der Intellektuellen

107 Otto Schulmeister,
Die erschöpfte Revolution

108 Geiger/Mai/Burghart,
Der öffentlich-rechtliche Rundfunk. Zwischen Staat, Parteien und Interessen

109 Klaus Emmerich,
Ist Nord-Süd-Entspannung möglich? Eine neue Politik für eine neue Front

110 Theodor Wilhelm,
Staatsschulen – Staatsbeamte. Erlaubt das System pädagogische Freiheit?

111 Stefan Kisielewski,
Polen – oder die Herrschaft der Dilettanten

112 Wolfgang Höpker,
Aktionsfeld Pazifik. Politik, Wirtschaft, Strategie

113 Christian Starck,
Vom Grund des Grundgesetzes

114 Veen, Meissner, Domes, Kux, Mertes,
Wandel im Kommunismus?

115 Wolfgang Spann,
Justitia und die Ärzte. Leben, Gesundheit und Gesetz

116 Ursula Lehr,
Ist Frauenarbeit schädlich? Im Spannungsfeld von Familie und Beruf

117 Karl Schmitz-Moormann,
Menschenwürde – Anspruch und Wirklichkeit

118 Gerd Roellecke,
Wird das Falsche falsch studiert? Vom Hintersinn der Studienreform

119 Otto Heuschele,
Gespräche zwischen den Generationen

120 Theodor Wilhelm,
Sittliche Erziehung durch politische Bildung. Über die Lernbarkeit von Moral

121 Joachim Illies,
Schöpfung oder Evolution.
Ein Naturwissenschaftler
zur Menschwerdung

122 Kurt Sontheimer,
Der unbehagliche Bürger.
Vom deutschen Umgang
mit der Demokratie

123 Botho Kirsch,
Zwischen Marx und Murks.
So wirtschaftet der Osten

124 Claudia Mast,
Aufbruch ins Paradies?
Die Alternativbewegung
und ihre Fragen
an die Gesellschaft

125 A. Hillgruber/
K. Hildebrand,
Kalkül zwischen
Macht und Ideologie.
Der Hitler-Stalin-Pakt:
Parallelen bis heute?

126 Michael Zöller, Hrsg.,
Aufklärung heute.
Bedingungen
unserer Freiheit

127 Hans Jenny,
Das neue Afrika.
Kontinent im Umbruch

128 Barbara von Wulffen,
Zwischen Glück und Getto.
Familie im Widerspruch
zum Zeitgeist?

129 Theodor Wilhelm,
Die Rede vom Partner.
Über soziale Einstellungen
der Zukunft

130 Franz Mayrhofer,
Warum sind alle
unzufrieden?
Massenmensch
und Gleichgewicht

131 Rudolf Ströbinger,
Roter Kolonialismus.
Minderheiten im
Ostblock

132 Joachim Hellmer,
Verdirbt die
Gesellschaft?
Kriminalität als
zwischenmenschliches
Verhalten

133 Michael Jungblut,
Je mehr er hat,
je mehr er will . . .
Über soziale
und wirtschaftliche
Machbarkeiten

134 Alphons Silbermann,
Der ungeliebte Jude.
Zur Soziologie
des Antisemitismus

135 Joachim Illies,
Theologie
der Sexualität.
Die zweifache Herkunft
der Liebe

136 Hermann Lübbe,
Zwischen Trend und
Tradition.
Überfordert uns die
Gegenwart?

Die Reihe wird fortgesetzt. Fordern Sie Sonderprospekte an:

Edition Interfrom · Zürich
Vertrieb für die Bundesrepublik Deutschland:
Verlag A. Fromm · Osnabrück